미용사회 심리학

장혜진 · 김이준

Gadam PLUS BOOK & DESIGN

머리말

미용사회의 산업은 날로 글로벌화 되어 빠르게 성장하고 있으며, 대학교의 미용과 관련된 학과도 기하급수적으로 늘어나 미용 산업의 많은 일꾼들을 배출하고 있다.

미용사회의 특수성은 본문에서도 소개 되었지만 시간적 제한, 의사표현의 제한, 소재 선정의 제한, 소재 변화에 따른 미적 효과의 고려, 부용예술(附庸藝術)로서의 제한이 따른다. 즉, 기술(Technic) 습득은 물론이고 고객과의 소통이 무엇보다 강조되는 학문으로서 기술(Technic), 예술(Art), 그리고 서비스(Service)가 동시에 만족되어야 한다.

고객과 직접 대면하고 고객의 신체에 관리를 제공해야하는 만큼 사용되는 모든 화장품을 비롯하여 기구, 도구 및 제품의 정확한 이해와 기술(Technic)에 대한 연마가 요구되며, 전문직으로서의 미용의 역사와 문화를 이해하고 자부심과 자긍심을 가지고 날로 변화하는 고객의 니즈(Needs)를 파악하도록 꾸준히 노력해야한다.

고객의 마음을 읽는다는 것 즉, 소통을 의미하며 고객과의 짧은 상담을 통해 고객이 원하는 것과 전문가로서의 견해를 전달하여 서비스의 방향을 잡아가고 결과물에 대한 책임 또한 뷰티 테라피스트가 가지게 된다. 그 과정에서 고객과 전문가의 견해의 입장 차이가 생겨 어려움에 처하게 되는 경우가 많다.

따라서, 기본적인 고객 응대 과정에서의 상담은 인간의 심리를 바탕을 두고 있으므로 제 1부에서는 심리학을 다뤘으며, 제 2부에서는 뷰티 테라피스트로서 습득해야할 미용의 역사와 미용사회의 고객 상담, 미용사회의 심리 마케팅, 경제 심리등으로 구분하였다.

고객에게 서비스를 제공하는 일은 전문 지식과 자긍심만으로는 힘든 부분들이 상당히 많다. 감정노동에서 보여 지는 미소 뒤에는 일반의 예상을 뛰어넘는 고통이 숨어 있기 때문이다.

나 자신을 존중해주고, 내 감정을 이해하고 보듬을 수 있도록 끊임없이 자아 성찰을 학습하여 감정 노동으로부터 자신을 보호 할 수 있어야 한다.

미용 산업에 종사하거나 이제 막 그 꿈을 펼치려는 학생들에게 조금이나마 도움이 되기를 바란다.

끝으로 본서의 출간을 위해 힘써주신 가담 출판사 고범석 사장님께 깊은 감사를 전합니다.

2015. 3

저자 일동

Contents

1부 심리학의 개요

Contents

2부 미용사회 심리학

1부

김이준

심리학의 개요

1장

심리학이란 무엇인가?

1. 심리학의 정의

심리학(psychology)이란 인간과 동물의 행동 및 그 행동에 관련된 생리적, 심리적, 사회적 과정을 과학적 방법으로 연구하는 학문이다.

국어사전에 언급된 가장 간단한 정의는 "마음의 이치를 다루는 학문" 이라고 되어 있는데, 이는 '마음심(心)' '이치 리(理)'라는 글자의 의미를 그대로 풀이해 놓은 것이다. 영어 사전에 언급된 심리학의 정의도 매우 비슷하게 되어 있다. 'psychology'의 어원을 보면, 그리스어로 마음 또는 영혼을 의미하는 'psyche'라는 단어와 학문을 의미하는 'logos'라는 단어가 합해져 마음을 다루는 학문이라는 뜻이다. 심리학의 정의는 그 연구 주제와 함께 시간의 흐름에 따라 변화였다. 심리학이 과학으로 등장하게 된 19세기 후반이 되어서야 비로소 '정신과학'으로 인정받게 되었다.

심리학자들 간에는 심리학의 정의, 목표, 연구방법을 설명하는데 이견이 있어 왔으나 일반적으로 다음 두 가지 측면을 고려하여 심리학을 정의할 수 있다.

첫째, 심리학은 인간 행동의 포괄적인 설명을 그 목표로 하고 있다.

둘째, 심리학이 과학이 되기 위해서는 엄격한 정의, 분명하게 규정된 절차, 그리고 결과의 항상성을 강조하는 일반화된 과학적 방법론을 따라야 한다. 이러한 두 가지 중요 요인을 고려한다면 심리학은 "인간의 정신과정과 행동에 관한 과학적 연구"라고 정의할 수 있다.

2. 심리학의 역사

구조주의(structuralism)

최초의 심리학 학파인 구조주의는 19세기에 생겨났다. 구조주의자들은 마음의 구조, 즉 기본요소에 대한 연구를 중심으로 하는 학파이다. 독일의 라이프치히(Leipzig)대학교 철학 및 생리학 교수였던 분트(Wilhelm Wundt)는 1867년 『생리심리학의 원리』라는 심리학 서적을 발표했는데 분트는 심리학도 고유한 질문과 연구방법론을 고안할 경우 철학에서 독립된 하나의 학문으로 발전할 수 있다고 믿었다. 이러한 생각은 그동안 철학에서 추구해 왔던 인간에 대한 질문을 자연과학적인 접근 방법으로 풀어보고자 하는 분트의 1879년도의 실험실 창건으로 이어졌는데 이는 인간 내면적인 정신과정에 대한 연구를 실험실에서 시도한 것이다. 20세기 심리학자들은 분트가 실험실 기법으로 연구를 시도했던 1879년을 현대 심리학이 탄생한 원년으로 평가하고서 그를 심리학의 아버지라고 부르고 있다.

마음이 어떻게 작동하는지의 원리를 밝혀보려는데 관심이 있었던 영국의 심리학자 티치너는 분트의 수제자가 되어 마음의 구조를 묘사하는 심리학을 이룩하였다. 분트와 그의 제자들은 의식경험(conscious experience)의 구성요소를 정의하고, 그것을 시각이나 미각과 같은 객관적 감각(sensation)과 정서반응, 의지, 정신이미지와 같은 주관적 느낌으로 구분해 보려고 시도하였다. 그들은 화학자들이 물질을 분자나 원자들의 결합으로 설명하듯이 마음의 구조도, 즉 사람의 생각이나 감각적인 경험도 여러 가지 구성 요소의 결합으로 설명이 가능하다고 믿었다. 그들이 실험실에서 마음의 구조 요소를 분해하려는 의도로 이용했던 과학적 접근방법은 내성법(introspection)이었다. 내성법이란 생각이나 욕망, 느낌 등을 자기 스스로 내적으로 들여다보고서 언어로 보고하는 방법을 뜻한다. 그들은 의식 내용이 아무리 복잡하더라도 엄격하게 잘 훈련된 내성법을 이용할 때 그 의식의 구성요소를 분석하는 것이 가능하며 그렇게 해야 마음이나 의식을 이해할 수 있다고 믿었다. '구조주의'라는 용어는 티치너가 스승인 분트의 접근을 보다 좁혀 내성법과 실험만을 심리학의 방법으로 간주하면서 제시한 것이 배경이 되었다.

기능주의(functionalism)

분트가 독일에서 실험실 연구를 하던 무렵 미국에서는 하버드 대학교 철학 및 생리학 교수였던 제임스(William James, 1843~1910)도 인간의 의식 연구에 관심을 갖고 있었다. 제임스의 의식에 대한 관점은 분트의 것과는 차이가 있었다. 제임스는 의식이 어떠한 요소들로 구성되어 있는지를 안다고 하더라도 인간을 올바르게 이해할 수 있는 것이 아니라고 하면서 구성주의 심리학의 접근 방법을 비판하였다. 그는 의식이나 정신과정을 여러 개의 요소로 나뉠 수 없는 하나의 상태로 보았기 때문에 구성요소를 찾아보려는 일은 무의미한 행위라고 평가하였다. 그 대신 인간을 이해하기 위해서는 의식경험의 기본요소보다는 마음의 기능을 밝혀야 한다고 주장하였다. 제임스는(William James)는 사람이 환경에 적응하기 위해서 어떻게 보고, 느끼고, 생각하며 목표를 구하는지, 의식의 흐름에 따른 의식작용의 과정과 기능을 연구해야 한다고 생각하였다. 즉, 의식의 기능은 어떠한 의식이 존재하는 목적이나 이유가 핵심이다. 예를 들어 배가 고프다는 생각이 들 때 생존하기 위해서 음식을 찾는 행위가 나타나야 하는데, 그 행위 자체가 바로 의식의 기능에 해당된다. 이와 같이 의식의 기능에 대한 관심을 가졌던 제임스의 접근 방법을 나중의 심리학자들은 '기능주의(functionalism) 심리학'이라고 불렀다.

형태주의(gestaltism)

마음을 그 구성요소로 분석하려는 구조주의 심리학자들의 시도는 형태주의 심리학을 창시한 독일의 심리학자 베르트하이머(Max Wertheimer)에 의해서 반박되었다. 그는 의식이란 것은 분트(Wundt)의 생각처럼 구성요소들의 종합이 아니라 통합된 전체로서 작용하는 존재라고 주장하였다. 형태주의 심리학에서는 "전체는 부분들의 단순한 합 이상이다"라고 단언하였다. 지각된 내용을 하나의 전체로 통합하고 분리된 자극들의 통합으로 강조한다는 의미에서 게슈탈트(gestalt)라는 용어를 사용하였는데 이는 영어로 형태(form)와 전체(whole)의 의미를 모두 포함하고 있다. 형태주의 심리학자들은 의식을 전체적인 맥락에서 이해하려고 했기 때문에 여러 가지 요소의 합이 하나의 의식과는 다르다고 설명하였다.

형태주의 심리학은 지각(知覺, perception)에 초점을 맞추며, 인지심리학 발달의 기초가 되었다.

행동주의(behaviorism)

행동주의 심리학의 창시자로 볼 수 있는 왓슨(John B. Watson)은 기능주의 심리학자들과 구조주의 심리학자들이 공유한 생각, 즉 정신이 심리학을 연구하기 위한 적절한 대상이라는 생각에 반대하였다. 행동주의 심리학자들은 당시 심리학의 주류였던 의식심리학(구조주의와 기능주의)을 비판하면서, 의식이니 정신이니 하는 것은 중세시대의 유물인 미신이며, 객관적인 관찰이 가능하고 측정할 수 있는 행동만을 다루어야 한다고 주장하였다. 왓슨이나 파블로프 같은 행동주의 심리학자들에게 심리학 연구의 정확한 대상은 '관찰 가능한 행동'이었다. 왓슨은 모든 행동이 특정한 환경이나 경험에 의해 좌우된다고 하면서 행동의 원인이 되는 자극에 대한 중요성을 강조하였다. 그는 개인의 능력이나 장래 직업도 경험에 의해서 결정된다고 주장하였다. 어떤 행동이든지 그 원인이 되는 자극(Stimulus: S)과 결과가 되는 반응(Response: R)사이의 관계로 설명했기 때문에 행동주의심리학을 'S-R심리학' 또는 'S-R접근방법'이라고도 부른다.

정신분석(psychoanalysis)

정신분석의 창시자인 프로이드(Sigmund Freud)는 오스트리아 출신의 신경정신과 의사였다. 그는 인간의 의식보다는 무의식(unconsciousness)의 과정, 그 중에서도 특히 원초적인 성(性)과 공격성이 큰 역할을 한다고 보았다. 정신분석학파는 인간행동을 결정하는 요소로 무의식의 동기와 갈등의 중요성을 강조하였다. 프로이드는 인간이 주로 성과 같은 무의식에 의하여 동기화된다고 주장함으로써 대중에게 큰 충격을 주었다. 뿐만 아니라 아동 초기의 경험들이 성격발달에 가장 중요한 요인이라는 논쟁의 여지가 많은 주장을 펴기도 하였다.

2장

심리학의 5대 관점

1. 생물적 접근 (biological approach)

심리적 현상이나 행동의 원인을 생물학적 원리로 설명, 또는 행동의 생물학적 기제를 연구하는 분야를 일반적으로 생물심리학이라고 부른다. 생물학적 관점에서는 모든 행동이나 정신과정을 발달시키고 결정하는데 있어서 생리학적 영향이 가장 중요하다고 설명한다. 즉, 사고(思考), 꿈, 정신이미지 등이 신경계, 그 중에서도 중추적 역할을 하는 뇌에 의해서 이루어진다고 보는 입장이다.

생물학적 접근의 모태가 되는 생리심리학은 뇌의 연구, 호르몬체계, 심리적 기능의 유전에 관심을 둔다.

2. 인지적 접근 (cognitive approach)

최근 심리학의 경향을 보면 인지적 관점이 주도하는 소위 '인지혁명'이라고 불리는 변화를 볼 수 있다. 인지적 접근은 인간은 자극을 피동적으로 지각하는 것이 아니라, 능동적으로 받아들인다고 보는 입장이다. 인지적 관점은 뇌를 정보처리기로 시뮬레이션한 컴퓨터의 발달에도 영향을 받았다. 인간의 인지적인 반응은 컴퓨터처럼 입력되는 정보가 여러 가지 방법으로 선택, 비교, 조합 변형되어 나타나는 일종의 정보 처리체계로 설명할 수 있다는 것이다. 즉, 인지적 관점은 인간의 사고과정을 컴퓨터와 같은 정보처리 기제로 본다. 현재 인지적 관점은 심리학에서 가장 많은 영향력을 행사하고 있다.

3. 행동적 접근 (behavioral approach)

행동주의 관점은 인간의 심리상태를 관찰 가능한 행동을 통해 객관적으로 연구함으로써 인간을 설명하려고 한다. 행동주의를 이끈 사람은 앞서 소개한 미국의 심리학자 왓슨과 스키너이다. 행동주의 접근은 인간의 행동을 이해하기 위해서 학습의 역사, 상황적 영향, 그 과정에 포함된 보상에 관심을 가진다. 스키너는 동물과 사람은 긍정적 결과가 따라오는 행동을 반복하려는 경향이 있다고 주장하였다. 행동주의적 관점은 현재 아동의 교육, 산업현장에서의 생산성 향상, 심리적 장애의 치료, 스포츠 심리학 등 광범위하게 실용적으로 적용되고 있다.

4. 정신분석적 접근 (psychoanalytic approach)

프로이드로 대표되는 정신분석적 관점은 인간의 행동을 이해하기 위하여 주로 과거의 어렸을 적 경험과 무의식에 관심을 가지는 입장이다. 정신분석적 접근에서는 인간이 정신 과정과 행동을 정확히 이해하기 위해서는 우리가 알 수 있는 의식보다는 깨닫지 못하는 무의식을 연구해야 한다고 주장한다. 프로이트는 사고, 공포, 갈등 등의 본질은 파악할 수 없지만 무의식적 과정은 분명히 존재하는 것으로서 인간의 행동에 많은 영향을 미친다고 주장하였다.

5. 인본주의적 접근 (humanistic approach)

인간을 이해할 때 행동주의나 정신분석처럼 기계론적이고 분석적인 방법으로 하는 것은 적절하지 못하다면서 그 대안으로 등장한 관점이 바로 인본주의 접근이다. 이는 심리치료 분야의 개척자 중 한 사람이었던 로저스(Carl Rogers)에 의해서 창립되었다. 인본주의 접근에서는 개인의 경험을 가장 중요한 연구대상으로 하며 의식과 자기인식(self-awareness)을 강조하기 때문에 현상학적 관점으로도 불린다. 인본주의 접근에서는 인간을 선천적으로 선한 의지와 선택능력이 있는 능동적인 창조물로 본다. 이 관점에서는 인간을 위한 주요한 과제는 그들의 잠재력을 개발하고 성장을 위해 부단히 노력하는 것이다.

3장

학습심리

대부분의 심리학자들은 학습(learning)이 훈련 또는 경험의 결과로 나타나는 비교적 영속적인 행동의 변화라고 정의한다. 이 장에서는 가장 기본적인 두 가지 형태의 학습, 즉 고전적 조건화와 조작적 조건화를 살펴볼 것이다.

1. 고전적 조건화

고전적 조건화의 개념

무조건 자극(unconditioned stimulus: US)

타액 분비나 눈깜박임과 같은 생리적 반사를 일으키는 일련의 자극을 의미한다. 파블로프(Ivan Petrovich Pavlov)의 고전적 조건화 실험을 예를 들면 개에게 준 음식이 무조건 자극에 해당된다. 즉, 개에게 음식을 주면 개는 타액 분비 반사를 일으킨다.

무조건 반응(unconditioned response: UR)

무조건 자극에 의해 일어나는 학습되지 않은, 본래적이며 불수의적인 생리적 반사다. 예를 들면, 타액 분비는 음식이라는 무조건 자극에 의해서 유발된 무조건 반응에 해당된다.

중성자극(neutral stimulus: NS)

감각기관에 반응을 일으키지만 다른 반응은 유발하지 않는 자극이다.

조건자극(conditioned stimulus: CS)

종소리는 자연 상태에서는 타액분비와는 무관한 중성자극이다. 그러나 종소리와 음식물이 짝지워짐으로써 종소리가 타액분비의 반응을 이끌어 낼 수 있는 조건자극이 된다.

조건반응(conditioned response: CR)

이 조건자극에 의해 유발된 타액분비를 조건반응이라고 한다.

조건화 과정

조건화 과정은 무조건 반응을 유발하는 무조건 자극과 중성자극을 반복해서 연합시켜 제시하여 중성자극이 조건 자극으로 형성되어 가는 과정이다. 이 과정을 통해 연합학습(association learning)이 이루어진다.

고전적 조건화와 관련된 현상

소거

소거(extinction)은 조건자극(CS)이 무조건 자극(US)없이 반복적으로 제시됨에 따라 더 이상 조건반응(CR)이 나타나지 않는 현상을 말한다.

자발적 회복

자발적 회복(spontaneous recovery)은 더 이상의 조건화 시행이 없음에도 불구하고 일정 시간이 흐른 후에 조건자극(CS)가 제시되면 조건반응(CR)이 다시 나타나는 경향성을 의미한다. 이러한 자발적 회복은 오래 지속되지 않으며, 처음의 조건반응(CR)보다 그 강도가 훨씬 작다. 자발적 회복은 마약 중독을 극복하는 것이 왜 그리 어려운지를 이해하는데 도움을 준다. 예를 들어, 중독에서 회복되었다고 생각하는 코카인 중독자가 흰색파우더와 같이 마약과 강한 연합을 이루고 있는 자극에 접한다면, 마약을 다시 사용하고자 하는 극심한 충동을 경험할 것이다.

일반화

일반화는 조건자극(CS)와 유사한 자극에 반응하는 경향성을 의미한 것이다. 특정 자극에 대해서 반응하는 것을 학습한 유기체는 원래의 자극과 유사한 새로운 자극에 대해서도 비슷한 방식으로 반응하게 된다. 새로운 자극이 조건자극(CS)와 유사하면 유사할수록 조건반응(CR)의 반응강도는 커지게 된다. '자라보고 놀란 가슴, 솥뚜껑 보고 놀란다'는 우리나라 속담은 이러한 일반화를 가장 잘 설명해 주는 예이다.

변별

변별(discrimination)은 조건반응(CR)을 유발시키는 조건자극(CS)와 이와 무관한 자극을 구별하는 경향성을 말한다. 일반화와 반대로 새로운 자극이 조건자극(CS)와 다르면 다를수록 변별이 잘 이루어진다.

2. 조작적 조건화

조작적 조건화(operant conditioning)는 동물이나 인간이 행동한 것에 따른 결과(보상 혹은 처벌)가 그 동물이나 인간으로 하여금 같은 행동을 다시 수행할 가능성을 증가시키거나 감소시키는 학습의 종류다. 고전적 조건화가 자극(US)와 자극(NS)을 연합시켜 학습한다면, 조작적 조건화는 반응과 그에 따른 결과를 연합시켜 학습한다.

강화와 처벌

행동의 발생을 증가시키는 강화(reinforcement)와 감소시키는 처벌(punishment)에는 각각 두 가지 종류가 있다.

정적 강화(positive reinforcement)

정적강화는 어떤 특정한 행동 뒤에 즉각적으로 주어지는 자극으로 인해 행동의 재발가능성을 증가시키는 과정을 말한다. 정적 강화물은 반응이 다시 발생될 가능성을 증가시키는 자극이다. 예를 들어 어린아이가 어머니의 심부름을 하고 난 뒤 어머니한테서 과자를 받았다. 이후에 이 어린아이는 어머니의 심부름을 더 자주 했다면 이 때 심부름 행동의 증가는 정적 강화에 의한 것이라고 할 수 있다.

부적강화(negative reinforcement)

부적강화는 행동의 빈도를 증가시킨다는 측면에서는 정적강화와 동일하지만 부적강화는 행동의 결과로 어떤 자극이 제거됨으로써 선행반응이 다시 발생될 가능성을 증가시킨다.

예를 들어 아이가 게임을 하면 어머니가 항상 잔소리를 한다고 가정하자. 만약 아이가 어머니의 잔소리를 듣기 싫어 아예 게임을 하지 않고 공부를 하러 간다면 이러한 행동은 부적강화의 예가 될 수 있다. 왜냐하면 게임을 하는 상황에서 어머니의 잔소리를 혐오자극이라고 할 수 있으므로 게임을 안하고 공부하러 감으로써 혐오자극인 어머니의 잔소리를 듣지 않아도 되기 때문이다.

정적처벌(positive punishment)

정적처벌이란 어떤 자극이 주어짐으로써 행동이 감소하게 되는 경우이다. 정적처벌은 반응 후에 제시되는 혐오 자극을 말한다. 예를 들어 아이가 나쁜 짓을 하였을 때 부모가 회초리를 때림으로써 아이는 나쁜 짓을 더 이상 하지 않게 된다.

부적처벌(negative punishment)

부적처벌은 반응 후에 제거되는 강화자극을 의미한다. 이러한 자극의 제거는 반응 재발 가능성을 감소시킨다. 대표적인 부적처벌로는 타임아웃(Time out)이 있다. 타임아웃이란 부적절한 행동을 했을 때 그 사람을 강화인을 받을 수 있는 상황으로부터 격리시키는 것을 말한다. 예를 들어, 어떤 아이가 교실에서 다른 아이를 괴롭히는 행동을 했을 때 그 아이를 일시적으로 교실 밖으로 나가있게 함으로써 교실 내에서의 재미있는 활동에 참여하지 못하게 하는 것이다.

강화계획

강화계획(schedules of reinforcement)이란 강화물에 의해 언제, 어떻게 반응이 나타나는지를 결정하는 프로그램 혹은 규칙을 말한다. 이런 강화계획은 크게 연속강화와 부분강화로 구분된다. 연속강화는 원하는 반응이 나타날 때마다 강화시키는 방법이고 부분강화는 원하는 반응이 나타났을 때 강화를 받기도 하지만 때로는 강화를 받지 않을 수도 있는 방법이다.

고정비율계획

고정비율계획(fixed-ratio schedule)은 유기체가 정해진 횟수만큼 반응 한 후에만 강화물이 제공되는 것을 의미한다. 공장 작업자가 매 10개의 완제품을 조립할 때마다 수당을 받는다면 고정비율계획이라 할 수 있다.

고정간계계획

고정간격계획(fixed-interval schedule)은 정해진 시간 간격 후에 발생하는 첫 번째 반응 후에 강화물이 제공되는 것을 의미한다. 가령 매달 5일경에 수당을 지급받는 회사원이 있다면 수당이라는 강화물은 아무리 열심히 노력한다고 해도 5일 이전에는 받지 못할 것이다.

변동비율계획

변동비율계획(variable-ratio schedule)은 강화물을 획득하기 위한 반응의 수가 매번 변하는 것을 의미한다. 정확하게 몇 번째 반응에 강화가 주어질지 알수 없다. 다만, 정해진 시간 내의 반응 수와 강화인 수를 계산해 보면 평균적으로 n번째 반응 마다 강화인이 주어지는 경우이다. 도박은 변동비율계획의 대표적인 예다.

변동간격계획

변동간격계획(variable-interval schedule)은 강화물이 변동 시간량 이후에 발생하는 첫 번째 반응 이후에 제공되는 것을 의미한다. 변동간격계획은 고정간계계획보다 더 규칙적인 반응률을 초래한다. 예를 들어 일반적으로 대학생은 15주의 수업일정에서 절반에 해당하는 7주와 마지막 주에 시험을 치르게 된다. 그러나 2회의 시험을 보되 쪽지시험을 언제 볼지 모른다면 이러한 상황은 꾸준하게 시험공부를 하도록 할 것이다.

조형

앞서 살펴본 강화의 원리는 특정 행동의 발생 빈도가 어느 정도 존재하는 상황에서 그 행동이 발생할 때 적용할 수 있다. 그러나 어떤 경우에는 행동의 발생 빈도가 전혀 없기 때문에 강화를 적용시킬 수조차 없을 때도 있다. 즉, 유기체에게 전혀 새로운 행동을 학습시키려고 할 때는 그 행동이 전혀 발생하지 않기 때문에, 강화를 적용할 기회가 없는 것이다. 이렇게 현재 유기체가 할 수 있는 행동이 아닌 새로운 행동을 형성시키려고 할 때는 조형(shaping)이라는 방법을 사용한다.

조형에서는 학습시키고자 하는 최종 목표 행동이 현재 발생하지 않기 때문에, 처음에는 목표 행동과 다를지라도 이와 유사한 행동이 나올 때 강화를 하기 시작한다. 그리고 이 유사 행동이 강화되어 그 빈도가 점차 늘어나면, 이 행동에 대한 강화를 중단하고 목표 행동과 좀 더 유사한 행동이 나올 때만 강화를 준다. 최종 목표 행동이 나올 때까지 이와 같은 과정을 반복하는데, 이러한 절차를 조형이라고 한다.

3. 사회 및 인지 학습

사회학습(social learning)

사회학습 이론가들은 인간의 학습은 주로 여러 사람이 함께 있을 때 일어나고, 사람들은 다른 사람들의 경험을 통해 학습할 수 있음을 강조한다. 다시 말해서 한 개체의 행동이 다른 개체(모델)을 관찰함으로써 영향을 받을 때 우리는 관찰학습이 일어났다고 하며, 이 관찰학습(observational learning)을 사회학습 또는 대리학습이라고 한다. 이 학습은 앨버트 반두라(Albert Bandura)에 의해 광범위하게 연구되었다. 반두라와 그의 동료들(Bandura, Ross, & Ross, 1963)은 모방이 공격행동의 학습에 미치는 영향을 연구하였다. 그들은 두 집단의 어린이들 중 한 집단에게는 성인 또는 만화 주인공이 인형을 격렬하게 공격하는 필름을 보여주었고 다른 한 집단의 어린이들에게는 인형을 공격하지 않는 필름을 보여 주었다. 그 후 인형이 있는 방에서 어린이들을 놀게 하고 행동을 관찰한 결과, 공격적인 필름을 본 아이들만이 인형을 격렬하게 공격하였고, 많은 공격행동 유형은 필름에서 관찰했던 것과 동일하였다.

대리강화와 대리처벌

새로 나온 자동차를 구입하려고 할 때 많은 사람들은 자신이 잘 알고 있는 사람들이 그 자동차를 어떻게 평가하는지, 얼마나 만족하는지를 알아보려고 할 것이다. 당신의 구매결정은 여기에서 얻은 자료를 바탕으로 이루어질 것이다. 즉, 동료의 행동을 무조건 모방하는 것이 아니라 동료가 그 자동차 구입에 만족한다면 당신도 구입하게 될 것이고 그가 구입을 후회한다면 당신은 다른 자동차를 고려할 것이다. 이처럼 자신의 경험 대신에 다른 사람의 경험을 통해 학습하는 것을 대리강화(vicarious reinforcement) 또는 대리처벌(vicarious punishment)을 통한 학습이라고 한다.

4장

발달심리

발달심리학은 한 개인의 전 생애에 걸쳐 일어나는 신체적, 사회적, 정서적 도덕적 및 지적 발달의 과정과 원인을 연구하는 심리학의 한 분야이다.

1. 신체, 감각 및 운동 발달

신생아의 능력

유아들은 몇몇 반사(reflex)를 가지고 태어나는데, 여기서 반사란 외부 자극에 자동적으로 이루어지는 신체적 반응을 의미한다.

지향 반사(rooting reflex)

신생아의 뺨을 손가락으로 가볍게 만지면 그 방향으로 머리를 돌려 손가락을 빨려고 하는 반사행동

빨기 반사(sucking reflex)

끝부분이 둥근 물체를 신생아의 입에 가져다 대면 규칙적으로 그 물체를 빨기 시작하는 반사 행동

바빈스키 반사(babinski reflex)

생후 6개월 정도 지나면 사라지는 것으로, 신생사의 발바닥을 자극하면 발가락을 부챗살처럼 발등 쪽으로 펴는 반사 행동

모로 반사(Moro reflex)

생후 3~4개월 이후에 사라지는 것으로, 갑작스럽게 놀라거나 하면 팔과 다리를 벌려서 무엇인가를 껴안으려는 듯 움츠리는 반사 행동

잡기 반사(grasping reflex)

모로 반사와 마찬가지로 생후 3~4개월 이후에 사라지는 것으로, 신생아의 손바닥을 가볍게 자극 하면 자극한 물체를 잡으려고 주먹을 쥐는 반사행동

시지각 능력

생후 3개월 된 영아는 엄마의 얼굴과 낯선 사람의 얼굴을 구분하기 시작하며, 4개월 정도 되면 움직이는 대상이 움직이는 동안 연속적으로 이동한다는 것을 지각하게 된다. 또한 6개월이 되면 영아는 깊이를 지각하기 시작한다. 이는 시각 절벽으로 알려진 실험을 통해 검증되었다.(Gibson & Walk, 1960) 시각 절벽은 테이블 한쪽과 일정 공간으로 이어지는 영역이 투명 유리판으로 덮여 있고 유리판 밑의 테이블과 바닥으로 이어지는 표면에는 바둑판 무늬 패턴이 있어, 테이블의 끝부분에 이르면 바둑판 무늬에 의해 아래 바닥으로 떨어지는 절벽과 같은 착시를 일으키도록 구성된 장치이다. 생후 6개월 된 영아는 절벽이 시작되는 시점에서 더 이상 나아가지 않고 주저하는데, 이는 영마가 깊이를 지각하고 있다는 증거이다.

2. 인지발달

발달심리학의 역사에서 인지발달에 관한 연구에 큰 영향을 끼친 사람은 생물학자이며 심리학자였던 장 피아제(Jean Piaget)다. 피아제에 따르면 유아는 단지 수동적 관찰자가 아니라 그들이 보고 발견한 것에 의미를 부여하는 일에 능동적으로 개입하는 존재다. 그는 아동이 이 세상에서 무슨 일이 일어나는지를 알기 위해 실험을 수행하는 과학자라고 생각하였다. 이러한 실험을 통해 아동은 자신이 경험하는 세계를 조직화해서 물리적 및 사회적 세상이 어떻게 작동하는지에 대한 이론을 구성한다. 피아제는 이러한 이론을 도식(schema)라고 불렀다. 새로운 사건이나 대상을 접할 때 아동은 그것을 기존의 도식을 통해서 이해하고자 한다.

피아제는 이것을 동화(assimilation), 즉 새로운 사건을 기존의 도식에 동화시키는 과정이라고 불렀다. 기존의 도식이 새로운 사건을 수용하는데 적합하지 않으면, 그 도식을 수정함으로써 세상에 대한 자신의 이론을 확장시킨다. 피아제는 도식을 수정하는 이러한 과정을 조절(accommodation)이라고 불렀다.

피아제는 유아에서 성인기로 진행되는 인지 발달의 변화를 네 개의 단계로 구분하였다. 피아제는 모든 사람이 동일하게 4단계를 거치지만 그 진행 속도는 사람마다 다를 수 있다고 보았다.

피아제의 인지발달이론

감각운동기(0~2세)

감각운동기(sensorymotor stage)는 피아제의 인지발달 단계 중 첫 번째 단계이다. 이 단계 동안 유아의 지적 발달은 주로 언어 이외의 측면에서 이루어진다. 유아의 운동 활동과 지각간의 상호작용에 주목하며, 피아제는 이 시기를 감각 운동기라고 명명하였다. 이 시기의 유아는 자신의 행동과 그 행동이 가져오는 결과 간의 관계를 발견하는데 몰두한다. 이 시기의 중요한 성취중 하나는 대상영속성 개념(object permanence), 즉 자신이 볼 수 없어도 대상은 계속해서 존재한다는 인식을 획득하는 것이다. 장난감을 천으로 덮으면, 8개월 된 유아는 그 장난감에 대해 더 이상 관심을 보이지 않고 그것을 찾으려고 하지 않는 등, 그 물체가 더 이상 존재하지 않는 것처럼 행동한다. 그러나 10개월 된 유아는 천 아래에 숨겨진 물체를 적극적으로 찾는다. 이것은 유아가 사라진 대상에 대한 정신적 표상을 지니고 있음을 함축한다.

전조작기(2~7세)

전조작기(preoperational stage)의 아동은 언어라는 상징을 사용해서 사고하기 시작한다. 그러나 그들의 사고는 매우 직관적이기 때문에 추론이나 논리를 거의 사용하지 않는다. 피아제는 2~7세 아동의 인지 발달을 전조작적이라고 했는데 이는 그들이 아직 특정 규칙들 혹은 조작들(operations)을 이해하지 못하기 때문이다. 조작이란 정보를 논리적으로 분리하거나 결합하거나 변형하는 정신적인 과정이다. 예를 들어, 구술 10개를 흩어 놓거나 한

곳에 모아 놓아도 그 수는 변하지 않지만, 이 시기의 아동은 흩어 놓았을 때 구슬의 수가 더 많다고 지각한다. 결과적으로 이 시기의 아동은 아직 보존(conservation)개념을 획득하지 못한 상태다. 보존이란 어떤 대상의 모양이 변할지라도 전체의 양은 동일하게 유지된다는 사실을 의미한다. 전조작기의 아동은 구체적 조작기로 들어가기 전까지 보존 문제를 해결할 수 없다.

이 시기의 아동의 또 다른 특징은 자기중심성(ego-centrism)으로, 그들은 다른 사람의 입장을 이해할 수 없다. 아동들은 자신을 세상의 중심으로 생각하는 것 같다. 피아제의 '세 개의 산(three-mountain)' 실험은 이를 잘 설명해 주고 있다. 이 실험은 아동이 인형의 위치에서 보이는 산의 모습을 선택하도록 하는 과제다. 이 때 아동은 인형의 관점에서 보이는 산이 모습이 아닌 자신의 관점에서 보이는 산의 모습을 선택하기 때문에 올바르게 대답하지 못한다. 이 시기 아동이 특히 이기적이고 비협동적인 이유가 이러한 자기중심성 때문일 수 있다. 그러나 여기에서 말하는 이기적이라는 말은 일반적인 의미가 아니라 단지 타인의 관점이 자신의 관점과 다르다는 것을 깨닫지 못한다는 것을 의미한다.

구체적 조작기(7~11세)

구체적 조작기(concrete operational stage)에 있는 아동은 다양한 보전 개념을 획득하고 색과 크기 같은 두 개 이상의 분류 기준에 따라 사물을 분류할 수 있는 능력을 획득하게 된다. 그들은 높이나 무게와 같은 하나의 차원에서 대상들을 정렬시킬 수 있으며, 일련의 행동에 대한 정신적 표상을 형성할 수 있다.

형식적 조작기(11세 이상)

형식적 조작기(formal operational stage)의 아동이나 청소년들은 상징적인 용어로 추론할 수 있다. 그래서 이 시기의 사고는 민주주의, 도덕, 명예, 상관 등 추상적인 원리에 기초한다. 그들은 또한 점차적으로 가상적인 가능성들, 가령 가정이나 추측을 고려할 수 있게 된다. 완전한 성인의 지적 능력은 이 형식적 조작기 동안에 이루어진다. 좀 더 나이 든 청소년들은 연역적 및 귀납적 추론을 할 수 있고, 수학, 물리, 심리학 등과 같은 추상적인 체계를 이해할 수 있다.

비고츠키의 사회문화적 이론

비고츠키의 사회 문화적 이론의 핵심 아이디어는 아동의 사고가 좀 더 능력있는 사람들과의 대화를 통해 발달한다는 것이다. 사회문화적 이론에 의하면, 아동의 인지 발달은 사회적 상호작용만으로 이루어지는 것이 아니라, 아동이 속한 사회문화적 맥락과도 밀접한 관련성이 있다. 아동의 인지적 기술 대부분은 부모, 교사 및 유능한 협력자와의 상호작용을 통해 이루어진다. 비고츠키는 발달이란 그 문화권에서 좀 더 성숙한 사람과 협동하면서 일어나는 도제 과정으로 보았다. 예를 들어 한 아이가 퍼즐을 풀 때 옆에 있는 아빠로부터 약간의 도움을 받고 나서야 문제를 해결할 수 있듯이 아동이 자신보다 더 나은 기술을 가진 사람과 함께 활동할 수 있게 하는 안내된 참여(guided participation)를 통해 아동의 인지 발달이 이루어진다. 비고츠키의 발달 개념에서 가장 독특한 것 중의 하나가 근접 발달 영역(Zon of Proximal Development)이다. 앞의 퍼즐 예에서 그 아이가 아빠의 도움을 받아 문제를 해결할 수 있는 영역이 근접 발달 영역에 해당한다. 이에 비해, 실제 발달 영역은 아이가 외부의 도움 없이 혼자서 문제를 해결할 수 있는 영역이고, 미발달 영역은 외부의 도움을 받더라고 문제를 해결할 수 없는 영역을 말한다.

이러한 입장에서 보면 발달과 관련해서 교육과 같은 환경적 요인이 가장 중요한 역할을 하는 영역은 근접발달영역이다. 왜냐하면, 이 영역에서 섬세한 가르침이 이루어지고 그에 따라 새로운 인지적 성숙이 일어나기 때문이다. 인지적 성장을 촉진시키는 사회적 협동이 갖는 하나의 특징이 발판화(scaffolding)다. 이것은 학습자가 문제를 해결하는데 필요한 도움의 양, 방법과 내용을 적절하게 조정하여 제공함으로써 문제에 대한 이해력을 증가시키는 경향을 말한다. 이러한 측면은 교사의 지도하에 이루어지는 참여활동을 강조한다.

3. 사회성 발달

애착의 발달

성인과 마찬가지로 유아도 사회적 동물인데, 외부 세계와의 연결이 유아에게는 특별히 더 중요할 수가 있다. 왜냐하면 다른 사람의 주의나 보살핌이 없으면 유아는 살아남을 수 없기 때문이다. 애착(attachment)은 유아와 부모 혹은 돌보는 사람간에 발달하는 기본적인 정서적 유대감을 의미한다. 애착을 통해 유아는 양육과 보호를 받을 기회를 최대로 하고, 외부 세계를 탐색하는데 필요한 안전한 기지를 구축할 수 있다.

부모와 더욱 밀착된 애착을 형성시킴에 따라 영아는 또한 부모가 눈앞에서 사라질 때 더 많은 스트레스를 느끼게 된다. 이를 분리불안이라고 한다.

분리불안(separation anxiety)이란 영아가 자신의 눈앞에서 부모가 일시적으로 사라질 때마다 큰 소리를 내어 울고 요동치는 식으로 스트레스를 느끼는 것을 말한다.

애착의 형성

애착에 대한 연구가 시작되면서 초기에는 애착이 어머니가 유아에게 젖을 먹여 주기 때문에 형성되는 것으로 여겨졌다. 그러나 할로우와 짐머만(Harlow & Zimmerman, 1959)은 새끼 원숭이를 대상으로 한 그들의 연구에서 수유보다는 접촉이 더 중요한 애착 형성 요인이라는 사실을 밝혔다. 그들은 철사로 만든 어미 원숭이에게 젖병을 매달아 놓고 벨벳으로 만든 어미 원숭이에게는 젖병이 없이 매달아 놓고는 새끼 원숭이 우리에 넣고 새끼 원숭이의 행동을 관찰하였다. 그 결과 새끼 원숭이는 대부분의 시간을 벨벳 어미 원숭이와 보냈으며, 철사 어미 원숭이에 매달린 젖병의 우유를 먹을 때에도 신체의 대부분은 벨벳 어미 원숭이 쪽에 두고 최소한의 부분만 철사 어미 원숭이에게 가져갔다.

모든 새끼 원숭이 들은 젖꼭지를 가지고 있는 철사 인형에 비해 담요 인형에 더 많은 시간을 매달려 있었다. 특히 낯선 물체가 나타났을 때 더욱 담요 인형에 매달렸으며, 담요 인형과 같이 있을 때는 익숙하지 않은 장소를 좀 더 용감하게 탐색하였다. 할로는 먹이가 아닌 접촉 위안이 새끼 원숭이가 어미에게 형성하는 애착에 더 중요한 변수라고 결론을 내렸다.

애착의 종류

애인스워스(Mary Ainsworth)는 유아의 애착의 종류와 질을 밝히기 위해 유아의 반응을 연구하였다. 그녀는 '낯선 상황(strange situation)'이라는 실험실 상황에서 유아의 반응을 관찰하여 애착의 유형을 검증하였다.

안정애착유형의 유아는 어머니가 있는 동안 낯선 새로운 상황에서 재미있게 놀이를 한다. 어머니가 떠났을 때 약간이 불안을 보이지만, 어머니가 돌아오면 열렬히 반기면서 긍정적인 반응을 보인다. 이러한 유아의 어머니는 유아의 요구에 민감하게 반응하고 아기 스스로 노는 것을 충분히 허용해 준다.

불안정 회피 애착 유형의 아기는 어머니가 떠나도 별로 동요하지 않고, 어머니가 돌아와도 다가가지 않고 무시하는 경향을 보인다. 이런 유형의 어머니는 유아의 요구에 무감각하고 아기와의 신체적 접촉을 적게 하며 아이를 거부적인 방식으로 다룬다. 불안정 저항애착 유형의 아기는 어머니가 있어도 상황을 탐색하는 정도가 덜하고, 어머니가 떠나면 극심한 불안을 보인다. 어머니가 돌아오면 화를 내지만, 어머니 곁에 머물러 있으려고 하면서도 어머니가 안으려고 하면 저항하는 특징을 보인다. 이런 유형의 어머니는 아기의 요구에 무감각하지만 거부적이지는 않다.

이러한 일차적 애착은 유아가 이후에 직면하는 여러 도전을 극복하는 기반이 된다. 이러한 측면에서 볼 때, 안정애착 유형의 유아가 가장 유리하다고 할 수 있다. 안전하고 지지를 받고 있다고 느끼는 아이는 주변 상황을 탐색해서 학습할 준비가 되어 있다.

5장

심리검사의 이해

1. 심리검사의 정의

심리검사는 지능, 성격, 적성, 흥미 등 인간의 지적 능력이나 심리적 특성을 파악하기 위해 양적 또는 질적으로 측정 및 평가를 수행하는 일련의 절차를 말한다. 심리적 현상에 있어서 개인 간의 차이를 비교, 분석함으로써 개인의 인격적, 행동적 측면을 이해할 수 있도록 하기 위한 심리학적 측정과정이다. 전경원(2004)은 심리검사를 '표준절차를 사용하여 행동의 표본을 측정하는 방법'이라고 하였다. 여기에서 표준절차라 함은 문항의 곤란도, 검사조건, 피검사자의 상태, 주변의 환경 등의 주변의 여러 변인이 심리측정에 영향을 주기 때문에 절차를 표준화하는 것을 말한다. 제한된 규준을 통해 개인의 행동을 예측하기 위한 기술적 과정으로서, 개인의 소수 표본 행동을 측정하여 그 결과를 토대로 개인의 전체 행동을 예견할 수 있다.

강봉규(2005)는 심리검사란 '인간의 성격, 능력, 및 그 밖에 그 사람이 갖고 있는 심리적 특성의 내용과 그 정도를 밝힐 목적으로 일정한 조건하에 이미 마련한 문제나 혹은 작업을 제시한 다음 그 사람의 행동 또는 행동의 결과를 어떤 가정의 표준적 관점에 비추어 질적 혹은 양적으로 기술하는 조작적 절차'라고 하였다.

2. 심리검사의 목적

기술적 진단

심리검사는 개인의 행동상 나타나는 문제나 요인들에 대한 원인적 요인을 진단한다. 즉, 심리검사를 사용함으로써 개인의 결함이나 결점을 파악할 수 있는 것은 물론 그 원인을 발견할 수 있다.

미래행동의 예측

심리검사는 한 개인의 행동을 예측하도록 한다. 즉, 심리검사 결과의 개인 간 상호비교를 통해 특정 개인이 수행할 미래행동을 확률적으로 예측한다.

개성 및 적성의 발견

심리검사는 개인으로 하여금 개성과 적성을 발견하도록 한다.

조사 및 연구

심리검사는 개인은 물론 집단의 일반적인 경향을 파악하도록 한다. 특정 집단의 심리적 성향이나 행동적 양상에 대한 조사 및 연구를 통해 해당 집단의 특징을 기술하거나 인과 관계를 규명할 수 있다.

3. 심리검사의 종류

심리검사의 종류는 분류기준에 따라 다를 수 있다. 탁진국(1996)은 개인의 수행양식에 따라 극대 수행검사와 습관적 수행검사로 구분하였다. 극대 수행검사란 일반적으로 능력검사라고 하며, 일정 시간 내에 피검사자가 자신의 능력을 최대한 발휘해서 반응하도록 만들어진 검사이다. 이러한 검사에는 정답이 있고 응답에 제한된 시간이 있다. 여기에는 지능, 적성 및 성취검사 등이 대표적 검사이다.

지능 검사	일반적으로 개인의 지적 능력을 파악하기 위해 고안된 것이다. 스탠포드-비네 지능검사(Stanford-Binet), 웩슬러 지능검사(Wechsler Adult Intelligence Scale: WAIS), 카우프만 지능검사 등이 해당한다.
적성 검사	적성은 일반적 지식이나 특수한 기술을 습득, 숙달할 수 있는 개인의 잠재력을 말하는 것으로서 학업적성이나 직업적성을 포함한다. 인지적 검사로서 개인의 특수한 능력 또는 잠재력을 발견하도록 하여 학업이나 취업 등의 진로 결정을 위한 정보를 제공하며 이를 통한 미래의 성공 가능성을 예측한다. 일반 직업적성검사(GATB) 등이 해당한다.
성취도 검사	적성검사와 달리 개인의 현재까지 축적된 과거의 경험을 측정대상으로 한다. 훈련이나 수업 등의 체계화된 교수를 통해 학습된 기술 및 지식을 측정하는 검사이다.

습관적 수행검사는 사람들이 평소에 습관적으로 어떠한 행동을 보이는지를 측정하는 검사이다. 습관적 수행검사는 능력 검사와는 달리 대개 일정한 시간제한이 없고 각 문항의 정답 또는 오답이 없다. 여기에는 성격검사, 흥미검사 및 각종 태도조사 등이 해당한다.

성격검사	개인의 선천적 요소와 후천적 요소의 상호작용에 의해 나타는 일관된 특징으로서의 성격을 측정대상으로 한다. 마이어스-브릭스 성격 유형검사(MBTI), 미네소타 다면적 인성검사(MMPI), 로샤검사 등이 해당된다.
흥미검사	흥미란 개인이 특정 대상이나 활동에 대해 좋다/싫다 또는 만족/불만족을 표현하는 것으로서, 흥미검사는 이와 같은 특정 대상이나 활동에 대한 선호도를 측정 대상으로 한다. 직업선호도 검사, 스트롱-캠벨 흥미검사 등이 해당한다.
태도검사	특정한 종류의 자극에 대한 개인의 정서적 반응이나 가치 판단 등을 나타내는 태도를 측정대상으로 한다. 부모양육 태도검사, 직무만족도 검사 등이 해당한다.

4. 지능 검사

지능은 우리에게 매우 친숙한 개념이면서도 한편으로는 정의하기 매우 어려운 개념이다. 흔히 지적 능력을 총체적으로 지능이라 부른다. 하지만 여러 이론가가 지능의 정의에 대해 고민하고 연구하였지만 아직 완벽하게 합의된 것은 없다. 웩슬러(Wechsler)는 지능을 종합적인 능력으로 보아서 '개인이 목적의식을 가지고 행동하고 합리적으로 사고하며, 효과적으로 환경을 다룰 수 있는 종합적 또는 전체적인 능력' 이라고 정의하였다.

비네 지능검사

비네(Binet)가 시몬(Simon)과 함께 1905년 제작한 비네-시몬 검사는 현재 사용하고 있는 지능검사의 시조라고 볼 수 있다. 그는 프랑스 정부로부터 일반적인 정규 교육에 적합지 않은 정신지체 아동을 구분하기 위한 검사개발을 위탁받아 학업성취와 관련된 30개의 문항을 난이도 수준에 따라 나열하여 검사를 제작하였다. 그리고 연령에 따라 과제 수행 능력이 발달한다는 생각을 바탕으로, 어떤 한 아동이 자기 또래 아동보다 더 높은 난이도의 과제를 해결할 수 있다면 정신연령이 높고 그에 따라 지능도 높다고 판단하였다. 이 검사는 초기 목적에 따라 3-11세 아동용으로 개발되었고 이 후 조금씩 형태가 바뀌어 1916년 현재 세계적으로 널리 쓰이고 있는 스탠포드-비네 검사가 개발되었다.

IQ(intelligence quotient)란 아동의 정신연령을 생활연령(chronological age)으로 나눈 값에 100을 곱한 것인데, 이는 서로 연령이 다른 아동들의 점수를 비교하는데 유용하였다.

가드너의 다중지능

가드너(Gardner, 1983)의 다중지능이론(theory of multiple intelligence)은 지능이 독립적인 여러 능력으로 구성되어 있다는 것이다. 그는 자폐 아동이 기억력이나 음악 등 특별한 분야에서 두각을 나타내기도하며, 뇌손상 환자가 특정 능력의 결함만을 보이고 다른 능력은 손상되지 않은 채 유지되는 경우가 있음을 그 근거로 들어 설명하였다. 그는 언어적 지능, 논리-수학적 지능, 공간적 지능, 음악적 지능, 신체-운동적 지능, 대인관계 지능, 자기 이해지능의 일곱 가지 '다중지능'을 제안하였으며 이후 자연지능과 실존지능을 추가적으로 소개하였다.

언어적 지능(Linguistic Intelligence) :

말하기, 읽기, 작문, 듣기 등에서 사용되는 지능.

논리-수학적 지능(Logical-Mathematical Intelligence) :

논리적이고 추상적인 사고를 하는 지능이며, 대부분 과학적 사고에 이런 능력이 포함된다.

공간적 지능(Spatial Intelligence) :

물리적 환경을 다루는 데 사용되며, 공간세계에 대한 정신적 모형을 만들어 내며, 그것을 조절하고 활용하는 능력과 관련된 지능.

신체 운동적 지능(Bodily-Kinesthetic Intelligence) :

신체를 숙련되게 사용하는 능력과 관련된 지능.

음악적 지능(Musical Intelligence) :

노래하고 악기를 연주하며 작곡과 지휘를 하는 것과 관련된 지능.

대인적 지능(Interpersonal Intelligence) :

다른 사람의 동기나 생각, 의도를 이해하는 능력, 다른 사람을 이해하고 그들을 대하는 능력과 관련된 지능

자기성찰지능(Intrapersonal Intelligence) :

자신의 욕망, 두려움, 재능 등을 정확히 이해하고 판단하여 효과적으로 삶을 영위해 나가는 능력, 자기 자신을 이해하는 능력과 관련된 지능

6장

성격심리

1. 성격이란 무엇인가

성격(personality)이란 개인이 환경에 따라 반응하는 특징적인 양식으로서, 타인과 구별되게 하는 독특하고 일관성 있는 사고, 감정 및 행동방식의 총체 이다. 성격을 기술하는 표현들로 personality(성격)는 persona라는 어원을 가지고 있고 가장 중성적인 의미를 포함한다. character(인격)는 도덕적 기준이나 행동규범에 기초한 평가된 측면을 강조하는 경향이 있고 temperament(기질)은 선천적인 타고난 행동특성, 쉽게 변화되기 어려운 행동특성을 일컫는다. 흔히 성격이라고 할 때는 올포트(1961)의 정의를 사용하여 성격이란, '각 개인의 정신 신체적 체계 안에서 그의 특징적 사고와 행동을 결정해 주는 역동적 조직'을 말한다.

2. 성격의 3가지 특징

안정성

개인에게 있어서 특징적이며, 그 자체가 관찰되어지는 것이 아니라, 관찰되어진 행동이나 사고를 토대로 하여 추리되어진 경향성이다.

독특성

다른 사람들과의 차이점으로, 개인적인 요인과 상황적인 요인이 합쳐져서 독특한 행동이 나타난다.

일관성

상황의 변화나 시간의 흐름에도 불구하고 행동과 사고에서 비교적 일관성이 있게 나타난다.

3. 성격이론

정신역동이론

프로이트

프로이트(Freud)는 성격에 관한 정교한 이론을 처음으로 제시한 사람이다 그는 정신과 의사로서의 오랜 치료 경험을 토대로 인간의 정신구조와 역동의 발달과정을 체계적으로 정리하였다. 그가 체계를 세운 정신분석학은 이후 심리학 전반에 커다란 영향을 미쳤다. 프로이트의 정신분석 이론은 정신 결정론(psychic determinism)과 무의식적 동기(dynamic unconscious)을 강조하고 있다. 정신결정론은 인간의 모든 행동이나 느낌, 생각은 의식하지 못하는 무의식 속의 어떤 원인 때문에 일어나는 것으로 본다.

무의식적 동기란 마음을 빙산으로 비유하면서 나온 개념이다. 그는 인간의 마음을 무의식(unconsciousness), 전의식(preconsciousness), 의식(consciousness)으로 구분하였는데 무의식이란 빙산의 수면에 잠겨 있는 부분과 같으며 욕구나 충동이 들어있는 곳이다. 사람은 자신의 욕구나 충동을 거의 대부분 의식하지 못하지만 무의식이 인간의 행동과 생각, 정서에 결정적인 영향을 미치는 것으로 생각하였다. 전의식은 수면의 바로 밑에 위치한 부분으로 주의를 기울여 자각하려고 노력하면 접근할 수 있는 있는 곳으로 이 부분에는 인간의 감각, 지각, 경험, 기억, 감정 등이 존재한다.

① 성격의 구성요소

프로이트는 성격이 원초아(id), 자아(ego), 초자아(superego)로 구성되며, 이 세 가지 성격구조들은 서로 추구하는 바가 다르며, 작동 원리 또한 차이가 있다고 보았다. 이들간의 역동적인 상호작용의 결과로 심리적 현상들이 나타나게 된다.

원초아(id)는 무의식 안에 감추어진 일차적인 정신의 힘으로서 즉각적이고 본능적인 욕구이다. 인간이 태어날 때부터 존재하는 가장 원시적이며 유전된 것, 성적인 것, 공격적인 에너지를 모두 포함하는 것으로 인간이 가진 모든 충동, 즉 리비도의 저장고이다. 프로이트의 이론에서 가장 중시하는 무의식 체계의 주요 메커니즘으로서 원초아는 쾌락 원리(Pleasure Principle)에 따라 움직인다. 비논리적이고 맹목적으로 작용하는 원초아는 먹고 마시고 자는 등의 본능의 덩어리로서 쾌락의 원리에 의해 지배되므로 맹목적이며 현실과 타협하지 않으려 하므로 현실에서 원초아는 억압될 수밖에 없으며 무의식 속에 숨겨진 채로 사람들의 삶에 영향을 미친다.

자아(Ego)는 현실 세계를 고려해서 행동을 결정하도록 조절하는 현실 원리(reality principle)에 따른다. 원초아에 담긴 본능적 욕구들과 현실 사이를 중재하는 역할을 담당하며 주위의 현실을 고려하여 자신의 욕구를 만족시키는 방향으로 작용한다. 현실을 지향하는 자아와 쾌락을 지향하는 원초아 간에는 끊임없이 갈등과 마찰이 발생한다. 즉, 자아는 현실과 초자아의 제재 내에서 원초아의 원천적 힘을 중재하고 조절하는 기능을 한다. 프로이트는 개인과 타인의 안녕을 해치지 않으면서 본능적 욕구를 충족시키는 과정이라는 의미에서 자아의 정보처리과정을 이차정 처리과정이라고 불렀다.

초자아(Super Ego)는 정신 구조의 최고 단계로 무엇이 옳고 그른가에 대한 사회적 기준을 통합하는 성격의 요소이다. 부모나 주위사람들로부터 물려받은 사회적 가치와 도덕이 내면화된 것으로 도덕과 양심의 원리을 따른다. 초자아는 부모의 영향을 받은 전통적인 가치관과 사회적인 규칙, 그리고 도덕과 양심이 자리 잡은 곳이며 양심(Conscience)과 자아 이상(Self-ideal)으로 구성 되어 있다. 쾌락보다 완전을, 현실보다는 도덕과 이상을 추구한다. 수치와 죄책감을 느끼는 것도 모두 초자아 활동이다.

② 불안

불안에는 현실불안, 신경증적 불안, 도덕적 불안이 있다.

첫째, 현실불안은 자아가 현실을 지각하여 두려움을 느끼는 불안으로, 실제적 위험이 있는 경우 가지게 되는 공포를 말한다.

둘째, 신경증적 불안은 자아와 원초아의 갈등으로 인하여 나타나는 불안으로 원초아에 의해 충동적으로 표출된 행동이 처벌받지 않을까 하는 무의식적인 두려움을 말한다.

셋째, 도덕적 불안은 원초아와 초자아 간의 갈등에서 비롯된 불안으로 도덕원리를 어김으로 인하여 가지게 되는 죄책감을 말한다.

이 세 가지 불안 중 신경증적 불안과 도덕적 불안은 대처하기가 매우 어려운데, 그 이유는 객관적인 대상이 없기 때문이다.

③ 방어기제

원초아가 현실을 무시한 채 무리한 성적, 공격적 욕구를 충족시키려 할 때 자아는 불안해지면서 전체 유기체의 안전을 위협받지 않는 한도 내에서 그 시도를 들어 주려고 한다. 자아의 방어기제란 자아의 이런 시도들을 말한다. 인간은 누구나 어느 정도의 방어기제를 사용함으로써 고통에서 자신을 보호하지만 지나치게 방어기제를 사용하는 경우 병리적이 될 수 있다.

- 억압(repression)은 위험한 요소를 의식에서 밀어내거나 의식하지 않으려는 노력이다. 예를 들어, 자신을 학대하는 부모에 대한 뿌리 깊은 적대감을 알아차리지 못하는 경우를 말할 수 있다.

- 부정(denial)은 현실에서 일어났던 위협적이거나 외상적인 사건을 받아들이지 않고 거부하는 것이다. 예를 들어, 친한 친구의 죽음을 계속해서 '그럴 리 없다'고 믿지 않으려는 것이다.

- 반동형성(reaction formation)은 억압하는데도 자꾸 그 생각이나 욕망이 의식 속으로 뚫고 나오려 할 때, 오히려 욕구와 반대되는 행동을 하는 것이다. 예를 들어, 자기 아이를 무의식적으로 미워하는 엄마가 아이를 지나치게 사랑하는 것처럼 행동하는 경우이다.

- 투사(projection)는 자신이 가지고 있는 좋지 않은 충동을 다른 사람이 가지고 있다고 원인을 돌리는 것을 말하는데, 예를 들어 자신이 상대를 미워하는 것이 아니라 상대가 나를 미워한다고 생각하는 것이다.

- 합리화(rationalization)는 자신의 실패나 옳지 못한 행동을 그럴듯한 핑계를 사용하여 정당화하는 기제다. 예를 들어, 이솝우화에서 여우가 신포도를 딸 수 없었던 것이 아니라 시어서 먹지 않은 것이라고 하는 것이다.

- 전위(displacement)는 어떤 대상에게 본능적 충동을 표현하기 부적절한 경우 그 대상을 덜 위협적인 대상으로 바꾸는 것이다. 예를 들어, 엄마에게 혼난 아이가 동생을 때리고 동생은 마당에 나가 개를 발로 차는 것이다.

· 승화(sublimation)는 전위의 한 형태로 무의식적인 욕망을 사회적으로 도움이 되는 건설적인 활동으로 전환시키는 것이다. 예를 들어 성적인 에너지를 누드 퍼포먼스와 같은 전위 예술로 승화하여 표현하는 것이다.

④ 성격의 발달과 특징

프로이트는 생후 5~6년 동안의 경험이 성격 형성에 중요한 영향을 준다고 주장하였다. 먼저, 생후 1년가량은 구강기(oral stage)로 입술이나 구강에 자극이 주어지면 쾌락을 느끼는 시기다. 구강기의 만족은 수유, 손가락 빨기 등의 행동을 통해 얻게 된다. 구강기의 지나친 좌절이나 충족을 경험하면 구강기적 성격을 형성하여 지나치게 의존적인 사람이 될 수 있다. 또한 구강기적 성격은 자존심을 유지하기 위하여 재산이니 지식을 소유하는데 집착하기도 하며, 타인에게 질투와 부러움을 많이 느낀다. 또한 남을 비꼬거나 논쟁하기 좋아하는 특징을 가진다. 다음단계인 항문기(anal stage)는 2세 가량부터 나타나는데, 변을 참거나 배출하는 배변활동을 통해 만족을 얻는다. 만일 항문기에 지나친 욕구 좌절을 경험하면, 지나치게 무질서하거나 지저분하고 파괴적이며 잔인한 성격을 가질 수 있다. 반대로 지나친 욕구 충족을 경험하면 지나치게 깔끔한 결벽 증세나 질서 정연하고 인색한 성격을 소유하기 쉽다.

4세경에 나타나는 남근기(phallic stage)는 긴장을 느끼고 쾌감을 얻는 리비도가 성기에 집중되는 시기이다. 이 때에는 주로 자신의 성기를 만지면서 만족을 느끼는데 남근기의 지나친 좌절 또는 만족의 경험은 여러 종류의 신경증 형성(나르시시즘적 성격)과 관계가 있을 수 있다. 특히 이 시기에는 자신과 유사한 사람의 특성, 보통 자신과 같은 성의 부모와의 관계에서 동일시가 나타난다. 남자아기의 경우 어머니를 성적인 대상으로 여기고, 이로 인해 아버지를 두렵고 경계해야 할 경쟁상대로 생각한다. 그러므로 자신의 성기를 잃어버릴지도 모른다는 거세불안을 경험하는데 이 시기에 생기는 것이 오이디푸스 콤플렉스 이다. 이 오이디푸스 콤플렉스는 자신을 아버지와 동일시하고 어머니를 애정 대상으로 유지함으로써 해결된다.

남근기 이후 12세 정도까지는 자신의 신체에 대한 관심이나 성적 충동에 대한 리비도가 완화되는 잠복기(latency stage)에 해당된다. 이 시기에는 자신의 내부보다 주위 환경에 관심을 가지고 환경을 다루는 기술을 익히는데 주의를 기울이게 된다. 이어서 사춘기에 들어서면 급속한 신체적 발달과 함께 생식기(genital stage)가 시작된다. 이 시기에는 남근기처럼 성기에 리비도가 집중되지만 성적 공상보다 성행위를 통하여 만족을 추구하는 점이 남근기와 차이가 있다.

에릭슨

에릭슨(Erikson)의 성격이론은 프로이트와 함께 정신분석학을 연구하던 중 토대를 잡았다. 그는 프로이트의 이론에 동의하지만 성의 발달에 의한 인간의 발달은 생애 전체 중 일부분에 불과하다고 보았으며 성격의 발달은 생애 중 한부분이 아닌 전 생애를 통해 이루어진다고 보았다. 또 무의식보다는 자아를 강조하고 개인의 욕구 충족 보다는 사회적 상호작용을 더욱 중요하게 여겼다. 특히 개인의 심리사회적 발달단계의 성숙에 따라 개인에게 요구되는 과업이 다르게 되고 이 요구를 어떻게 해결하였느냐에 따라 개인의 인생이 달라질 수 있다고 보고 전 생애를 총 여덟 개의 발달과업으로 나누었다.

첫째, 신뢰감 대 불신감(1세)으로 출생 후 가장 먼저 해결해야 하는 발달

과정이다. 유아가 출생 후 가장 먼저 만나는 사람은 부모이므로 부모가 유아를 양육하는 과정에서 얼마나 친밀한 양육태도로 지속적이고 일관된 행동을 보여주었느냐에 따라 아이는 첫 번째 사회적 관계를 가지는 부모에게서 신뢰감(basic trust)을 형성한다. 그렇지 못한 경우에는 외부 세계를 두려워하는 불안정한 성격을 갖게 된다.

둘째, 자율감 대 수치심(2세)으로 이 시기가 되면 스스로 하고자 하는 욕구가 생기기 시작한다. 스스로 걷고 물건을 잡는 등의 과정을 통해 아이는 자신의 행동을 조절하고 성취하는 동안 자신의 힘으로 무엇인가를 할 수 있다는 성취감과 자신에 대한 자부심을 가지게 된다. 이때 스스로 했던 행동이 반복으로 실패하거나 스스로 선택하고 실천할 수 있는 경험을 좌절당하면 아동은 자신의 능력에 대해 열등감을 느끼고 자신에 대해 수치심을 느끼게 된다.

셋째, 주도성대 죄책감(3~5세)으로 이 시기에는 그 전에 형성된 자립심과 자율성에 기초로 스스로 어떤 행동을 준비하고 계획하여 실천하려는 욕구를 가지게 된다. 이러한 욕구의 만족을 통해 아이는 주도성과 자발성을 획득하게 된다. 만일 아동이 주도성을 획득하는데 실패하면 아이는 자신에 대한 무가치함과 강함 죄책감을 가지게 된다.

넷째, 근면성과 열등감(6세 이후)으로 학교생활을 통해 아동은 성인이 되기 위한 준비를 해 나간다. 사회가 요구하는 기초적인 읽기, 쓰기, 말하기와 신체적 능력은 물론이고, 사회적 관계를 통해 협동심과 책임감을 습득하게 된다. 이러한 여러 가지 과제를 잘 습득한 아동은 자신감과 함께 근면성을 갖게 되고, 반대 경우의 아이들은 좌절감과 함께 열등감을 경험하게 된다.

다섯째, 정체감 형성 대 역할 혼미(청소년기)로 어린이와 어른의 중간과정에서 가정과 사회에서 요구하는 다양한 역할을 통합하고 자아개념을 정립해 나가는 시기다. 자신에 대한 정체감이 제대로 형성되면 자신에게 주어진 자녀, 형제, 친구, 학생으로서의 역할을 올바르게 수행하게 된다. 만약 정체감이 형성되지 못하면 무기력과 혼란에 빠져 진학이나 진로에 있어서 어려움을 경험하고 자신에 대해 절망하기도 한다.

여섯째, 친밀감 대 고립감(성인 초기)으로 청소년기를 지나 성인기에 접어들면 취업과 결혼 등 중요하게 해결해야 되는 과제들이 많다. 이런 과제를 원만하게 해결하기 위해서는 동료나 이성과의 관계가 친숙하고 지속적이어야 한다. 이러한 친밀한 관계를 통해 사랑, 신뢰, 존경, 책임의 태도가 함께 나타난다. 친밀감의 실패는 외로움과 고독감을 초래한다.

일곱째, 생산성 대 침체성(성인기 중반)으로 진로와 결혼 문제를 해결하고 중년기에 접어들면 자녀 양육과 함께 다음 세대를 위하여 사회 발전과 인류 복지를 위해 창조적으로 노력하는 시기다. 그리고 이러한 창조적이고 생산적인 활동을 통하여 기쁨과 만족을 느낀다. 그러나 사회 일원으로서 자신의 역할을 다하지 못한 사람은 인생을 무의미하게 여기며 침체된 느낌에 빠지게 된다.

여덟째, 통합성 대 절망감(노년기)으로 인생의 마지막 노년기에는 자신의 인생을 되돌아보고 만족감을 느끼게 되며 자아 통합감을 느끼게 된다. 즉, 자신의 결혼, 자녀, 직장 생활 등을 돌아보고 자신의 인생을 수용하고 만족스럽게 여기면 자신감과 함께 인생의 성공에 대한 기쁨을 느끼게 되며, 다가올 죽음에 대해서도 좀 더 담담하게 직면하게 된다. 그러나 반대의 경우 인생에 대한 허무함과 노년에 대한 고독감, 죽음에 대한 공포 등으로 절망하게 된다. 이와 같이 에릭슨은 성격 발달에서 개인과 사회의 역할 및 상호작용을 중요하게 생각하였고, 일생의 주요 시기에 주어지는 발달 과업에 따라 성격의 점진적인 발달을 설명하였다.

특질이론

아이젱크의 특질이론

아이젱크(Hans Eysenck)는 요인분석을 사용하여 특질 패턴을 확인하였다. 그는 성격이 단지 두 개의 주요 차원, 즉 내향성(introversion)-외향성(extroversion), 신경증(neuroticism)-안정성(stability)에 의해 가장 잘 설명될 수 있다고 주장하였다. 내향성 차원에서는 조용하고 신중하며 사려 깊고 참을성이 있는 사람들이 위치하며, 외향성 차원에는 활발하고, 사교적이며 적극적인 사람들이 위치한다. 이와는 독립적으로 신경증 차원에는 우울하고 예민하며 까다로운 사람들이 위치하고 안정성 차원에는 침착하고 신뢰성이 있으며 차분한 사람들이 위치한다. 아이젱크는 이러한 두 차원에 따라 사람들을 평가함으로써 다양한 상황에서의 개인의 행동을 정확하게 예측할 수 있었다.

성격의 5요인 모델

성격 5요인(Big five)모델은 성격을 가장 잘 대표하는 다섯 가지 요인을 사용하여 성격의 특질을 설명하는 이론으로 오늘날 각광받고 있는 이론이다. 5요인은 성격에서 가장 널리 받아들이고 있는 기본 특질 차원의 성실성, 우호성, 신경성, 개방성, 외향성이다. 이러한 성격 특질에 대해 가질 수 있는 의문은 개인의 성격 특질이 얼마나 변화하지 않고 안정적이며, 유전적이며, 문화적 차이에 영향을 받을까, 5대 특질로 다른 성격적인 특질도 예언할 수 있는가 등이다. 이러한 물음에 대해서 최근의 연구 결과는 성격 특질이 일생에 걸쳐 상당히 안정적이고, 유전이 성격특질의 개인차를 50% 이상 설명해 주며, 다양한 문화적 차이에도 불구하고 성격 특질은 모든 문화에서 보편적이며, 다른 성격 특질까지도 예언한다는 것을 보여 주고 있다.

인본주의 이론

로저스의 이론은 현상학(phenomenology)의 영향을 받아서 특정한 대상이나 사건 자체가 아니라 그 대상이나 사건에 대해 개인이 지금-여기(now-here)에서 느끼고 있는 주관적 경험이 인간의 행동을 결정한다고 보았다. 그러므로 개인의 행동을 이해하기 위해서는 그 사람의 주관적 경험 및 상황에 대한 해석에 초점을 두어야 하며, 그 결과 특정한 성격 자체보다는 성격의 발달과 변화에 관심을 가지고 있어야 한다. 로저스의 인간중심이론의 기본 가정 및 주요 개념을 살펴보면 다음과 같다.

첫째, 자아(self)는 '나'로 지각되는 부분으로서 조직화되고 일관된 지각 패턴을 말한다. 자아는 새로운 경험을 하면서 계속 변화하지만 항상 정형화되고 통합되고 조직화된 속성을 유지하기에, 시간이 지나서 개인이 변화하더라도 그 사람은 자기가 이전과 동일한 사람임을 알 수 있다. 자신에 대한 지각인 자아개념(self-concept)은 현재 존재하는 자기 자신뿐 아니라 자기가 되고 싶어하는 이상적 자아(ideal self)도 포함한다. 이상적인 자아는 개인이 높이 평가하고 지향하는 자아개념으로 자신이 가장 소유하고 싶은 속성들을 포함하고 있다.

둘째, 자아실현(self-actualization)경향성이라는 것은 자아를 실현, 보존, 향상시키려는 동기로서, 유기체가 단순한 실체에서 복잡한 실체로, 의존성에서 독립성으로, 고정성과 경직성에서 유연성과 융통성으로 변화하고자 하며, 자유롭게 표현하고자 하는 유기체의 경향성을 말한다. 로저스는 강한 외적 제약이나 반대하는 힘이 없다면 자아실현 경향성이 자연스럽게 표출될 수 있을 것이라고 믿었다. 이는 인간에 대한 매우 긍정적인 인식으로 로저스는 기본적으로 인간은 자유롭게 자신의 내적 본질을 경험하고 만족할 때 자신 및 다른 사람과 조화를 이루며 살아갈 수 있는 합리적이고 긍정적인 존재라고 믿었다.

셋째, 로저스는 성격 형성을 이해하기 위해서 가치의 조건화(conditions of worth)라는 개념을 도입하였다. 가치의 조건화라고 하는 것은 아동의 기본적인 자기 가치에 조건을 부과하여 어떤 경우에는 가치를 인정하고, 다른 경우에는 가치를 인정하지 않는 것을 말하는데, 아동에게 가장 영향력 있는 대상인 부모의 태도에 따라 가치의 조건화를 형성하게 된다. 아동은 자신에게 의미 있는 대상인 부모가 자신을 어떻게 생각하는지에 대해 매우 중요하게 생각한다. 그런데 부모는 자신의 판단에 따라 아동이 해야 할 행동과 하지 말아야할 행동을 정해 놓음으로써 아동은 부모가 원하는 행동을 할 때만 긍정적인 자기 존중을 하여 착한 아이가 되고 부모가 원하지 않는 것을 하면 나쁜 아이가 된다. 그러면 아동은 부모의 긍정적 자기 존중을 얻기 위하여 진정으로 자신이 원하는 것을 왜곡하고 부정하며, 부모가 원하는 것을 추구하게 된다. 그 결과 자기가 하는 내적 경험을 무시하게 되어 자아실현 경향성을 방해하게 된다는 것이다. 로저스는 이러한 자기와 경험과의 불일치 경험이 정신병리를 형성하는 핵심적 요인이라고 주장하였다.

넷째, 로저스는 성격 발달 단계에 대한 이론을 가지고 있지 않았는데, 그 이유는 성격이라고 하는 것이 상태가 아닌 과정으로 보았기 때문이다. 자아실현은 평생 죽을 때까지 계속 진행되는 것이지 완료되거나 정체된 상태가 아니라는 것이다. 따라서 미래 지향적인 목표를 가지고 앞을 내다보면서 자아의 모든 국면이 개발되도록 노력하는 사람이 건강한 성격을 지닌 것이라고 보았다.

4. MBTI성격검사 (Myers-Briggs Type Indicator)

검사의 개요

MBTI는 스위스의 분석심리학자인 융(Jung)의 심리유형론에 기초하고 있다. 그의 이론을 근거로 하여 캐더린 브릭스와 이사벨 마이어스 두 모녀가 현재 사용하고 있는 MBTI의 4가지 지표를 만들었다. 선호 지표의 첫째는 에너지 방향에 따라 외향형(Extroversion)과 내향성(Introversion) 으로 구분되며, 두 번째는 인식기능에 따라 감각형(Sensing)과 직관형(Intuition)으로 구분된다. 세 번째는 판단 기능에 따라 사고형(Thinking)과 감정형(Feeling)으로 구분되며, 네 번째는 생활양식에 따라 판단형(Judging) 과 인식형(Perceiving)으로 구분된다. 따라서 MBTI검사 결과는 이와 같은 구분에 의하여 사람들의 성격유형을 16가지로 분류하고 있다.

검사 시 주의사항

MBTI는 성격을 진단하거나 개인의 능력을 평가하는 심리검사가 아니라 선천적인 심리적 선호경향을 알아보는 비진단 검사이다. 즉 능력을 검사하거나 옳고 그름을 판단하는 검사가 아니므로 정답이 있을 수 없고 사람들은 각 문항에 대해서 자기 자신을 잘 설명한다고 생각되는 것을 고르면 된다. 시간의 제한 또한 없으므로 편안한 마음으로 검사를 실시하면 된다. 단 어느 문항을 너무 오래 생각하기 보다는 나의 현재의 모습을 돌아보고 자주, 더 많이 그러한 쪽으로 체크를 하면 된다. 자신이 바라는 이상적인 모습에 가까운 답을 하지 말고 자연스럽고 편안함을 느끼는 쪽의 문항에 표시를 하면 된다.

MBTI 검사의 목적

① 성격이란 좋고 나쁜 것이 아니라, 우리가 서로 다르다는 것을 인정한다.

② 변명이나 합리화를 위한 것이 아니라 성장하기 위함이다.

③ 누구에게나 장점이나 단점이 있음을 인정한다.

④ 비판과 판가름을 위해서가 아니라 이해하고 받아들이기 위함이다.

⑤ 자신의 성격 특성을 이해하고, 자신의 선호하는 특성을 통해 인간관계, 일처리 방식에 대한 이해를 갖고자 하는 것이다.

선호지표의 특성비교

외향형과 내향형

외향형(Extraversion)	내향형(Introversion)
폭 넓은 대인관계를 유지하며 사교적이고 정열적이며 활동적이다. 자기외부에 주의 집중한다. 외부활동과 적극성 정열적, 활동적, 말로 표현한다. 경험한 다음에 이해한다.	깊이 있는 대인관계를 유지하며 조용하고 신중하며 이해한 다음에 경험한다. 자기 내부에 주의 집중한다. 내부 활동과 집중력 조용하고 신중하며 글로 표현한다. 이해한 다음에 경험한다.

감각형과 직관형

감각형(Sensing)	직관형(Intuition)
오감에 의존하여 실제의 경험을 중시한다. 지금, 현재에 초점을 맞추고 정확, 철저히 일처리를 한다. 사실적 사건묘사 나무를 보려는 경향이 있다. 구체적이다. 상세하고 정확하게 관찰한다.	육감, 영감에 의존하며 미래지향적이고 가능성과 의미를 추구한다. 신속, 비약적으로 일을 처리한다. 미래의 가능성에 초점을 둔다. 암시적, 비유적 묘사 숲을 보는 경향 추상적이다.

사고형과 감정형

사고형(Thinking)	감정형(Feeling)
진실과 사실에 주관심을 갖고 논리적이고 분석적이며 객관적으로 판단한다. 원리와 원칙 규범과 기준중시 논리적 순서를 중요시한다. 현실, 개념이 중요하다.	사람과 관계에 주관심을 갖고 상황적이며 정상을 참작한 설명을 한다. 의미와 영향 나에게 주는 의미중시 사적이다. 인간관계를 중요시한다.

판단형과 인식형

판단형(Judging)	**인식형**(Perceiving)
분명한 목적과 방향이 있으며 기한을 엄수하고 철저히 사전계획하며 체계적이다. 정리정돈과 계획 신속한 결론 통제와 조정 분명한 목적의식과 방향감각 뚜렷한 기준과 자기의사	목적과 방향은 변화가능하고 상황에 따라 일정이 달라지며 자율적이고 융통성이 있다. 상황에 맞추는 개방성 이해로 수용 융통과 적응 재량에 따라 처리될 수 있는 포용성

16가지 성격유형

다음은 MBTI프로파일에서 16개 성격 유형의 대표적인 설명문을 인용한 것이다.

세상의 소금형 ISTJ

신중하고 조용하며 집중력이 강하고 매사에 철저하며 사리분별력이 뛰어나다.

임금님 뒤편의 권력형 ISFJ

조용하고 차분하며 친근하고 책임감이 있으며 헌신적이다.

백과사전형 ISTP

조용하고 과묵하고 절제된 호기심으로 인생을 관찰하며 상황을 파악하는 민감성과 도구를 다루는 뛰어난 능력이 있다.

성인군자형 ISFP

말없이 다정하고 온화하며 친절하고 연기력이 뛰어나며 겸손하다.

수완 좋은 활동가형 ESTP

현실적인 문제해결에 능하며 적응력이 강하고 관용적이다.

사교적인 유형 ESFP

사교적이고 활동적이며 수용적이고 친절하며 낙천적이다.

사업가형 ESTJ

구체적이고 현실적이고 사실적이며 활동을 조직화하고 주도해 나가는 지도력이 있다.

친선도모형 ESFJ

마음이 따뜻하고 이야기하기 좋아하고 양심 바르고 인화를 잘 이룬다.

예언자형 INFJ

인내심이 많고 통찰력과 직관력이 뛰어나며 양심이 바르고 화합을 추구한다.

과학자형 INTJ

사고가 독창적이며 창의력과 비판분석이 뛰어나며 내적 신념이 강한다.

잔다르크형 INFP

정열적이고 충실하며 목가적이고, 낭만적이며 내적 신념이 강한다.

아이디어 뱅크형 INTP

조용하고 과묵하며 논리와 분석으로 문제를 해결하기를 좋아한다.

스파크형 ENFP

따뜻하고 정열적이고 활기에 넘치며 재능이 많고 상상력이 풍부하다.

발명가형 ENTP

민첩하고 독창적이며 안목이 넓으며 다방면에 관심과 재능이 많다.

언변 능숙형 ENFJ

따뜻하고 적극적이며 책임감이 강하고 사교성이 풍부하고 동정심이 많다.

지도자형 ENTJ

열성이 많고 솔직하고 단호하고 지도력과 통솔력이 많다.

7장

이상심리

이상심리

1. 이상심리학의 정의

이상심리학이란 인간의 일탈행동 또는 심리적 장애를 과학적으로 연구하는 심리학의 한 분야이다. 심리학적 관점에서 "인간은 왜 불행해지며 어떻게 불행에서 벗어날 수 있는가?" 라는 물음에 대답을 추구하는 학문이다. 또한 인간이 나타내는 다양한 이상행동과 심리장애를 기술하고 분류하며 그 원인을 규명하여 설명하고, 치료 방법 및 예방 방안을 강구하는 학문이다.

2. 이상행동과 정상행동

이상행동이란 정상에서 벗어난 행동을 말한다. 그러나 무엇을 정상으로 보느냐는 사람이 가지고 있는 기준에 따라 다르다.

부적응 행동은 일탈행동이지만, 일탈행동이 반드시 부적응행동인지 아닌지는 다음의 관점에서 생각해 보아야 한다.

통계적 평균으로의 일탈

개인의 어떤 특성을 측정한 측정치가 지나치게 평균에서 이탈되어 있다면 이를 이상상태로 보는 것이다. 그러나 평균에서 이탈되는 경계선을 어떻게 설정하느냐의 문제와 경계선을 넘은 경우에도 어느 쪽을 이상행동으로 보느냐의 문제가 발생한다. 예컨대 지능이 평균보다 월등이 높을 경우 이를 이상행동으로 구분하지 않지만 지능이 아주 낮을 경우에는 정신지체로 이상행동의 범주에 포함시킨다.

문화적 규범으로 부터의 일탈

사회적 규범을 어기는 행동을 이상행동으로 보자는 관점인데, 단 사회적 규범은 문화의 상대성에 따라 달라진다는 문제가 있다. 우리나라의 개고기 풍습이 유럽에서는 이상행동으로 보이는 것을 예로 들 수 있다.

주관적 불편감과 개인적 고통

어떤 특성 때문에 개인 스스로가 불편하고 괴로우면 이를 이상행동으로 본다는 것이다.

의학적 기준

유전이나 생리학적인 이상 때문에 이상상태가 발현하는 것으로서 신경계와 내분비선의 기능이나 유전요인으로 인해 이상상태가 나타난다고 보는 견해이다.

적응적 기능의 저하 및 손상

이상행동과 정신장애의 정의에 있어서 가장 중요한 개념은 적응(adaptation)이다. 인간의 삶은 개인이 환경과 상호작용하며 적응하는 과정이다. 이러한 적응의 관점에서 볼 때, 이상행동은 개인의 적응을 저해하는 심리적 기능의 손상을 반영하는 것이다. 즉, 개인의 인지적, 정서적, 행동적, 신체생리적 기능이 저하되거나 손상되어 원활한 적응에 지장을 초래할 때, 부적응적인 이상행동으로 간주할 수 있다는 것이다.

3. 신경증과 정신병의 구분

일반적으로 '노이로제'라는 용어가 흔히 사용된다. 이러한 용어가 현재 이상심리학에서 학술적으로 사용되는 용어는 아니지만, 과거에 정신장애를 분류하던 전통적 방식을 반영하고 있다. 과거에 인간의 이상행동은 전통적으로 신경증(neurosis)와 정신병(psychosis)으로 크게 구분되어 왔다. 신경증과 정신병의 주요한 차이점은 신경증은 현실적 판단력에는 별 문제가 없지만 생활 적응에 여러 가지 주관적인 불편함을 나타내는 심리적 장애를 뜻한다. 예를 들어 불안은 늘 초조하고 긴장하며 불안을 느끼게 되어 고통을 지속적으로 느끼게 되지만, 환각이나 망상과 같이 현저한 현실 왜곡은 나타나지 않는다. 또한 신경증을 지닌 사람들은 자신에게 어떤 문제가 있다는 자각을 하는데 정신병은 자신이 비정상적이라는 의식이 없기 때문에 스스로 치료기관을 찾는 경우 보다는 주변사람들에 의해 강제적으로 치료 기관을 찾는 경우가 많다.

	신경증	정신병
현실 판단력	정상적임	뚜렷한 손상이 있음
주요한 장애나 문제	불안장애, 우울	정신분열증
자기 상태에 대한 이해	있음	없음
사회적 적응 상태	경미한 문제가 있음	심각한 문제가 있음
주요한 치료 방식	외래치료, 방문치료	입원치료를 필요로 함

4. 불안장애

특정 공포증(specific phobia)

특정 공포증은 특정 대상이나 상황에 대한 지속적인 공포이다. 특정 공포증을 가진 사람은 대상이나 상황에 노출되면 흔히 즉각적인 불안을 경험한다. 흔히 특정 공포증은 특정 동물이나 곤충, 높은 곳, 뇌우, 피에 대한 강한 공포이다. 매년 미국 전체 국민 중 거의 9%는 특정 공포증 증상을 보인다. 특정 공포증의 평생 유병률은 12% 이상이며 많은 사람들이 한 번에 한 가지 이상의 공포증을 갖는다. 특정 공포증을 가진 여성이 남성보다 적어도 2배 이상 많다.

광장공포증(agoraphobia)

광장공포증을 가진 사람들은 공황을 경험하거나 옴짝달싹 못하게 되었을 때, 도망가기 어렵거나 도움이 가능하지 않은 공공장소나 상황에 있는 것을 두려워한다. 광장공포증은 다양한 상황이나 장소에 만연되어 있는 복잡한 공포증이다. 광장공포증을 가진 사람들이 전형적으로 피하는 것은 붐비는 거리나 가게에 들어가기, 주차장이나 다리에서 운전하기, 대중교통이나 비행기로 이동하기 이다. 광장공포증을 가진 많은 사람들은 공공장소에 있게 될 때 공황발작이라 부르는 극단적이고 갑작스러운 공포의 폭발을 경험할 수도 있다.

사회불안장애(social anxiety disorder)

사회불안장애를 가진 사람들은 다른 사람들이 세심히 관찰하거나 창피할 수 있는 상황에서 사회적 또는 수행 상황에 대해 심각하고 지속적이며 비합리적인 공포를 갖는다. 사회불안은 대중 앞에서 말하거나 사람들 앞에서 식사하는 것에 대한 공포와 같이 제한적일 수도 있고 다른 사람들 앞에서 잘 못할 것에 대한 전반적인 공포와 같이 그 범위가 더 넓을 수도 있다. 이 두 형태 모두에서 사람들은 반복해서 자신이 실제보다 덜 유능하게 수행한다고 판단한다. 사회불안장애는 개인의 삶에 큰 지장을 초래할 수 있다. 다른 사람과 상호작용할 수 없거나 대중 앞에서 말할 수 없는 사람들은 중요한 책임을 수행하는데 실패할 수 있다. 특정 해를 기준을 했을 때 미국과 다른 서구나라에서의 사회불안장애에 유병율 7.1%로 조사되었고 그중 여성은 약 60%를 차지한다. 사회불안장애의 평생 유병률은 약 12% 이다. 사회불안장애는 아동기 후기 또는 청소년기에 시작하는 경향이 있으며 성인기 까지 지속될 수 있다.

공황장애(panic disorder)

때때로 불안반응은 숨 막히는 악몽 같은 공황의 형태를 취하는데 그때 사람들은 행동에 대한 통제력을 잃으며 사실 자신이 무엇을 하고 있는지 거의 인식하지 못한다. 실제적인 위협이 불쑥 나타났을 때 누구나 기겁하는 반응을 할 수 있다. 그러나 어떤 사람들은 갑자기 발생해서 10분 이내에 정점에 도달하며 서서히 사라지는 주기적이고 짧은 한차례 공황인 공황발작을 경험한다. 발작은 다음 공황 증상 중 적어도 네 가지 양상을 보인다. 심계항진, 손이나 발이 얼얼함, 호흡이 가빠짐, 땀이 남, 냉열감, 떨림, 가슴 통증, 숨 막히는 감각, 현기증, 어지러움, 비현실감, 통제 상실에 대한 공포, 죽음에 대한 공포. 전체 인구의 1/4이상이 살면서 특정 시점에 한두 번의 공황발작을 경험한다. 그러나 어떤 사람들은 반복적으로 예기치 못하게 분명한 이유 없이 공황발작을 경험하는데, 이들은 공황장애를 겪는 중일 수 있다. 공황 발작에 덧붙여 공황장애로 진단받은 사람들은 일어날 것에 계속 걱정할 수도 있고, 공황이 의미하는 것에 대해 염려할 수도 있다. 특정 해를 기준으로 할 때 전체 미국 국민의 약 2.8%는 공황장애로 고통 받으며,5%에 가까운 사람들이 인생의 특정 시기에 공황장애를 경험한다. 공황장애는 청소년 후기 또는 성인기 초기에 발달하는 경향이 있으며, 남성보다는 여성에서 적어도 2배 더 흔하다.

강박장애(obsessive-compulsive disorder)

강박장애는 강박사고나 강박행동이 과도하거나 비합리적이며 큰 스트레스를 야기하고 많은 시간을 소모하며 일상적인 기능에 지장을 초래할 때 진단한다. 강박사고는 개인의 의식에 침투하는 것으로 여겨지는 지속적인 사고, 충동, 또는 이미지이다. 강박행동은 불안을 예방하거나 줄이기 위해서 수행해야 한다고 느끼는 반복적이고 경직된 행동 또는 정신 활동이다. 강박사고는 무시하거나 저항하려는 시도는 더 많은 불안을 불러일으킬 수 있고 오래지 않아 강박사고는 전보다 더 강해진다. 강박사고를 가진 사람들은 대개 자신의 생각이 과도하다는 것을 잘 안다. 강박사고로 괴로워하는 많은 사람들의 사고를 살펴보면 어느 정도는 기본적인 주제들이 있다. 가장 흔한 주제는 더러움 또는 오염인 것 같다. 다른 흔한 주제는 위험, 폭력과 공격성, 질서정연함, 종교 및 성이다. 강박행동은 많은 면에서 강박사고와 유사하다. 많은 사람들이 강박행동이 비합리적이라는 것을 알지만 동시에 강박행동을 하지 않는다면 뭔가 끔직한 일이 일어날 것이라고 믿는다. 강박행동을 수행한 후에 대개는 잠시 동안 불안을 덜 느낀다.

5. 기분장애

우울장애(depressive disorder)

정서증상

우울한 사람들은 슬픔과 낙담을 느낀다. 이들은 유머감각을 잃어버리며 어떤 것에서도 즐거움을 얻지 못한다고 보고하며 일부 사례에서는 어떤 즐거움도 전혀 경험하지 못하는 쾌감상실을 보이는 경향이 있다. 또한 많은 사람들이 불안, 분노, 안절부절못함을 경험한다.

동기증상

우울한 사람들은 대개 일상 활동을 하려는 욕구를 잃는다. 거의 모든 사람들이 추동, 주도성, 자발성의 부족을 보고한다. 우울한 사람들은 억지로 직장에 출근하거나 친구들과 대화를 하거나 식사를 하거나 또는 성관계를 갖는다.

행동증상

우울한 사람들은 흔히 덜 활동적이고 덜 생산적이다. 혼자서 많은 시간을 보내며 오랫동안 침대에 누워 있기도 한다. 우울한 사람들은 움직임이나 말이 느려지기도 한다.

인지증상

우울한 사람들은 자신에 대해 극단적으로 부정적인 관점을 갖는다. 자신이 부적절하며 바람직하지 않고 열등하며 아마도 사악하다고 생각한다. 거의 모든 불운한 사건에 대해 자신을 비난한다. 우울증의 다른 인지 증상은 비관주의이다. 우울한 사람들은 항상 어떤 것도 전혀 나아지지 않을 것이라고 확신하며, 삶의 어떤 것도 변하지 않을 것이라고 무력하게 느낀다. 최악의 경우를 기대하기 때문에 일을 미루는 경향이 있다. 우울한 사람들은 무력감과 무망감으로 인해 특히 자살사고에 취약하다.

우울한 사람들은 흔희 자신의 지적 능력이 빈약하다고 불평한다. 그들은 혼동이 되고 기억하지 못하며 쉽게 주의가 분산되고 아주 작은 문제조차도 해결할 수 없다고 느낀다.

신체증상

우울한 사람들은 종종 두통, 소화불량, 변비, 현기증, 일반적인 통증과 같은 신체적인 질병을 갖는다. 식욕과 수면의 장애가 가장 흔하다.

양극성장애(I, II)(bipolar disorder)

양극성 장애를 가진 사람들은 우울이라는 최저치와 조증이라는 최고치를 모두 경험한다. 많은 양극성장애를 가진 사람들이 자신들의 삶을 극단적인 기분 사이를 앞뒤로 왔다 갔다 하는 감정의 롤러코스터를 기술한다. 조증 상태에 있는 사람들은 흔히 기분과 활동이 극적이고 부적절하게 고양되는 것을 경험한다. 조증 증상은 우울증상과 동일한 영역인 정서, 동기, 행동, 인지, 신체 영역에 걸쳐 있다. 조증의 극심한 고통에 있는 사람들은 강력한 정서를 갖고 있다. 행동에 찬 즐거움과 안녕감은 개인의 삶에 실제로 일어난 일과는 맞지 않게 정도를 벗어나 있다. 조증 상태의 모든 사람이 행복한 상황은 아니다. 일부 사람들은 특히 다른 사람들이 자신의 과장된 야망의 길을 방해할 때 매우 안절부절못하거나 분노한다. 동기의 영역에서 조증 상태의 사람들은 끊임없는 흥분, 개입, 동료애를 원하는 것으로 보인다. 이들은 열정적으로 새로운 친구와 오래된 친구, 새로운 관심사와 오래된 관심사를 추구하며 자신들의 언행이 당황스럽고 지배적이며, 과도한 것을 거의 인식하지 못한다. 조증 상태에 있는 사람들의 행동은 항상 매우 적극적이다. 이들은 원하는 모든 것을 하기에는 시간이 충분치 않은 것처럼 빨리 움직이다. 빨리 크게 말하고 대화는 농담과 영리하려는 노력으로 채워져 있거나 반대로 불만과 언어적인 분출로 채워져 있다. 인지적으로 조증 상태인 사람들은 흔히 빈약한 판단력과 계획 능력을 보이는데, 마치 너무 좋게 느끼거나 너무 빠르게 움직여서 가능한 위험을 고려하지 못하는 것 같다. 자신에 대해서 과장된 견해를 가질 수 있고, 때로는 자아존중감이 지나치게 과대하다. 심한 조증삽화 기간에 일부 사람들은 논리 정연하지 못하고 현실과의 접촉에 어려움을 겪는다.

마지막으로 신체적인 영역에서 조증 상태에 있는 사람들은 상당히 활동적으로 느낀다. 흔히 거의 잠을 자지 않는데 그런데도 완전히 깨어 있는 듯이 느끼고 행동한다. DSM-5는 양극성 장애를 두 가지 종류로 구분한다. 양극성장애 I 을 가진 사람들은 완전한 조증과 주요우울삽화를 가진다. 양극성장애 II를 에서는 경미한 조증인 경조증 삽화가 시간의 경과에 따라 주요우울삽화와 교체된다.

6. 섭식장애

신경성 식욕부진증(anorexia nervosa)

신경성 식욕부진증은 의도적으로 심각하게 낮은 체중을 유지하고 있으며 과체중이 될까 몹시 두려워하고 있고, 체중과 체형에 대해 왜곡된 시각을 가지고 있으며, 자기 평가에 있어 체중과 체형에 지나치게 영향을 받는다. 신경성 식욕부진증 환자들은 음식 섭취를 제한함으로써 몸무게를 줄인다.

신경성 폭식증(bulimia nervosa)

신경성 폭식증을 가진 사람들은 통제 불가능한 과식 혹은 폭식 행동을 반복적으로 나타낸다. 폭식은 제한된 시간동안 일어나며, 이 시간 동안 대부분의 사람들이 먹는 양보다 분명하게 더 많은 양을 먹는다. 게다가 신경성 폭식증 환자들은 강제적 구토, 설사제, 이뇨제, 관장약의 남용, 과도한 운동 같은 부절적한 보상행동들을 반복적으로 행한다. 또한 이들의 자기평가는 체형과 체중에 의해 과도하게 영향을 받는다.

신경성 폭식증 환자들은 대부분의 경우 폭식을 한다. 개인은 아주 빠른 시간 안에 엄청난 양의 음식을 거의 씹지 않고 먹어치운다. 폭식에 앞서 보통 극도의 긴장감이 나타난다. 짜증이 나고, 현실감이 없어지고 금지된 음식을 탐하는 자신의 욕구에 무력감을 느낀다. 폭식동안 개인은 먹는 것을 멈출 수 없음을 느낀다. 견딜 수 없는 긴장을 완화시켜 줬다는 점에서 폭식은 그 자체 쾌락으로 경험되지만, 폭식 후에는 몸무게가 불지도 모른다는 그리고 발각 될지도 모른다는 두려움과 함께 극도의 자책, 수치, 죄책, 우울감이 뒤따른다.

폭식 후 신경성 폭식증 환자들은 폭식의 효과를 보상하거나 없애려고 노력한다. 하지만 구토는 폭식 동안 섭취한 칼로리의 흡수를 크게 방해하지는 못한다. 또한 반복적 구토는 포만감을 느끼는 우리의 능력에 영향을 주는데, 이는 더 큰 허기짐을 유발하여 결과적으로 더 빈번하고 더 심각한 폭식으로 이끈다. 구토와 다른 보상행동들은 포만으로 인한 불쾌감을 잠시 완화하거나 폭식에 결부된 불안 혹은 자기 혐오감을 잠시 낮출 수 있다. 하지만 시간이 지남에 따라 구토가 더 많은 폭식을 허용하고 폭식이 다시 더 많은 구토를 요구하는 악순환 고리를 형성한다. 이 순환은 궁극적으로 신경성 폭식증 환자들로 하여금 무기력감과 자기혐오를 느끼도록 만든다.

폭식증(binge eating disorder)

폭식증을 보이는 이들은 반복적으로 폭식을 하며 폭식 동안 자신의 먹는 행위에 대한 통제감을 상실한다. 하지만 이들은 부적절한 보상행동을 보이지 않는다. 이들도 음식, 체중, 외모에 집착하고, 체중, 체험을 자기 평가의 기초로 삼으며, 몸의 크기를 왜곡하여 지각하고, 심각한 신체 불만족을 경험하며, 우울, 불안, 완벽주의와 사투하고, 약물남용을 보이며, 보통 청소년기에 장애를 처음 발달시킨다. 비록 이들도 자신의 섭식을 제한하길 원하지만 이들은 신경성 식욕부진증이나 신경성 폭식증을 가진 이들만큼 마름을 목표로 하지는 않는다.

조현병(schizophrenia)

조현병의 장애를 가진 사람들은 이상한 지각, 기괴한 생각, 파괴된 감정과 운동장애라는 고립된 황무지에서 퇴화되어 간다. 정신증을 경험하며 현실과의 접촉을 상실한다. 환경을 지각하고 반응하는 능력이 파괴되어 가정에서, 친구들과의 관계에서 학교에서 혹은 직장에서 기능을 할 수 없게 된다. 환각(잘못된 감각, 지각)을 가지거나 망상(잘못된 믿음)을 가지거나 자신만의 세계에 고립된다. 조현병은 크게 양성증상(사고, 정서, 행동의 과잉), 음성증상(사고, 정서, 행동의 결핍), 정신운동 증상(특이한 운동이나 몸짓)으로 구분된다. 양성증상은 '병리적으로 과도하거나' 괴상한 것이 그 사람의 행동에 덧붙여지는 것이다. 망상, 와해된 사고와 언어, 고양된 지각과 환각, 부적절한 정서가 가장 많이 나타나는 증상이다. 음성증상은 '병리적 결함'으로 한 개인에게 무언가가 결핍되어 있는 것이다. 언어빈곤, 둔화되고 밋밋한 정서, 동기 상실과 사회적 고립은 조현병에서 일반적으로 나타난다. 이러한 결함들은 개인의 삶과 활동에 많은 영향을 미친다. 조현병을 가진 사람들은 종종 정신운동증상을 경험한다. 예를 들어 이상하게 움직이거나 반복해서 입을 씰룩이거나 이상한 자세를 취한다.

외상 후 스트레스장애(posttraumatic stress disorder)

스트레스 상황이 정말로 크고 지나치게 위험하다면 우리는 아마도 이제껏 경험하지 못한 정도의 높은 각성과 불안, 우울을 경험할 것이다.

대부분의 사람에게 있어서 이러한 반응은 위험이 지남과 동시에 수그러진다. 하지만 다른 이에게는 불안과 우울 증상이 다른 증상들과 더불어 상황이 종료된 이후에도 계속된다. 이러한 사람들은 심리적 외상 사건에 대한 반응 형태인 급성 스트레스 장애나 외상 후 스트레스 장애를 앓고 있을 수 있다. 외상적 사건은 개인이 그 사건 속에서 실제적 혹은 위협된 죽음, 상해, 혹은 성적 침해에 노출되는 경우를 말한다. 급성 스트레스장애나 외상 후 스트레스 장애를 야기하는 상황들(전쟁, 강간, 지진, 비행기 사고)은 누구에게나 외상적이다. 증상이 외상 사건 후 곧 시작되고 한 달 미만으로 지속되면, DSM-5는 급성 스트레스장애 진단을 내린다. 만약 증상이 한 달 이상 지속되면 외상 후 스트레스 장애 진단이 내려진다. PTSD증상은 외상 사건 후 곧 나타나기도 하지만, 몇 달 혹은 몇 년 후에 나타나기도 한다. 연구들은 급성 스트레스 장애를 보인 사례의 약 80% 가 외상 후 스트레스 장애로 발달함을 시사하고 있다.

외상사건의 재경험

사람들은 사건과 관련해 반복해서 떠오르는 생각, 기억, 꿈, 악몽에 의해 피폐해진다. 몇몇은 마음속에서 사건을 너무나도 생생하게 재 경험하여 마치 사건이 실제 다시 일어나고 있다고 생각하기도 한다.

회피

사람들은 외상적 사건을 상기시키는 활동을 피하고 그와 관련된 사고, 느낌, 혹은 대화를 피하려 노력할 것이다.

줄어든 반응성

사람들은 고립감을 느끼거나 한때 좋아했던 활동에 대한 관심을 잃는다. 몇몇은 해리 증상이나 심리적 괴리를 경험한다. 이들은 정신이 멍해지거나, 뭔가를 기억하는데 어려움을 보이거나, 비현실감을 경험한다.

증가된 각성, 불안, 죄책감

스트레스장애를 가진 사람들은 지나치게 경계하고 쉽게 놀라며, 주의 집중에 어려움을 가지고, 수면 문제를 발전시킬 수 있다. 또한 불안, 분노, 혹은 우울감을 보이기도 하며, 자신만 외상사건으로 살아남았다는 이유로 지나친 죄책감을 가질 수 도 있다.

9. 해리장애

해리성 기억상실증(dissociative amnesia)

해리성 기억상실증을 가진 사람들은 중요한 정보를 회상할 수 없는데 특히 삶의 고통스러운 경험들을 기억할 수 없다. 해리성 기억상실증에서의 기억상실은 보통의 망각보다 훨씬 광범위하게 나타나고 두부 강타와 같은 신체적 요인으로 야기되지 않는다. 해리성 기억상실증은 국소적, 선택적, 전반적, 혹은 지속적일 수 있다. 가장 흔한 해리성 기억상실증 유형인 국소적 기억상실증에서 개인은 특정기간 동안에 일어난 사건들의 기억을 모두 잃는다. 기익의 상실은 거의 대부분 고통스러운 사건 발생 시점부터 시작한다. 두 번째로 흔한 해리성 기억상실증의 행태인 선택적 기억상실증을 가진 사람들은 특정 기간 동안 일어난 사건들의 일부만을 기억한다. 어떤 경우 기억상실은 고통스러운 기간의 한참 전까지로 확대될 수 있다. 이 경우는 전반적 기억상실증을 경험할 것이다. 위의 세 가지는 기억상실의 기간에서 그 끝이 있다 하지만 지속적 기억상실증은 망각 기간에 있어 특별한 끝이 없고, 망각은 현재가지 지속된다. 해리성 기억상실증의 다양한 형태들은 개인적 사건・정보의 기억상실이라는 점에서 유사하다.

해리성 정체감장애(dissociative identity disorder)

해리성 정체감 장애 혹은 다중성격장애를 가진 개인은 둘 혹은 그 이상의 구분되는 성격들을 발달시킨다. 발달된 성격들은 흔히 하위성격 혹은 대체 성격이라 불리고, 각각은 개인의 기능 상태를 지배하는 독특한 기억, 행동, 사고, 감정을 가진다. 한 시점에서 하위 성격 중 하나가 주목받게 되고, 이것이 개인의 기능상태를 주도한다. 흔히 주 성격 혹은 주인 성격이라 부르는 하위 성격은 다른 것들보다 더 자주 나타난다. 스위칭이라 부르는 하나의 하위 성격에서 다른 성격으로의 전환은 갑작스럽고 극적인 경우가 많다.

이인화/비현실감 장애((depersonalization-derealization disorder)

이인화/비현실감 장애의 핵심증상은 지속되고 반복적으로 발생하는 '이인화(자신의 정신과정이나 신체가 실제 같지 않거나 분리된 것 같은 감각)' 그리고 혹은 '비현실감(자신의 주변이 실제 같지 않거나 분리된 것 같은 감각)'의 삽화이다. 이인화를 경험하는 이는 제 신체로부터 분리된 듯 느끼고 자신이 외부에서 자기를 관찰하는 것처럼 느낀다. 때때로 마음이 자신보다 몇 피트 위에 떠 다니는 것처럼 느껴지기도 하는데 이러한 감각은 이중감이라 알려져 있다. 신체 부분이 낯설게 느껴지기도 하는데, 손이나 발이 원래보다 더 작게 혹은 더 크게 느껴진다. 이인화/ 비현실감 장애 환자들은 자신의 정서 상태를 '기계같은', '몽롱한' 혹은 '어지러운' 등으로 묘사하곤 한다. 이인화와 달리 비현실감은 외부 세계가 비현실적이고 이상한 것으로 느껴지는 것을 특징으로 한다. 사물들은 모양이나 크기가 변하는 것처럼 보여질 수 있으며 다른 사람들은 동떨어지거나, 기계 같거나, 심지어는 죽은 것처럼 보여질 수 있다.

10. 아동 청소년장애

품행장애(conduct disorder)

품행장애 아동은 심각한 문제를 보이고 다른 사람의 기본 권리를 침해한다. 이들은 종종 공격적이고 타인이나 동물에게 신체적으로 잔혹하게 하며, 의도적으로 타인의 기물을 파괴하고 학교를 결석하거나 가출한다. 많은 아동들이 훔치고 위협하거나 타인을 괴롭히고 절도, 서류 위조, 가택이나 차량 침입, 노상강도 혹은 무장강도와 같은 범죄를 저지른다.

ADHD(attention-deficit/hyperactivity disorder)

주의력 결핍 과잉행동장애를 보이는 아동들은 과제 수행에 어려움이 있고, 과도하게 활동적이며 충동적으로 행동하거나 두 가지를 모두 나타내기도 한다. ADHD증상은 종종 서로 맞물려 있다. 주의 초점화의 어려움을 가진 아동들은 동시에 여러 가지 지시를 잘 듣고 과제를 끝내기도 전에 주의가 이리저리 분산된다. 또한 끊임없이 움직이는 아동은 과제를 수행하거나 적절한 판단을 하는데 어려움을 보인다. 많은 경우 이 중상 중 하나가 다른 것들보다 더 두드러진다. ADHD 아동의 반 정도가 학교문제나 의사소통 문제를 나타내며 학교 공부를 잘하지 못하고, 많은 수가 다른 아이들과 상호작용 하는데 어려움을 보이며 약 80% 가 행동 문제가 있고 종종 아주 심각하기도 한다.

자폐스펙트럼 장애(autism spectrum disorder)

자폐스펙트럼 장애는 타인에 대한 극도의 무반응과 심각한 의사소통 결함과 지나치게 경직되고 반복적인 행동, 흥미와 활동을 특징으로 한다. 반응결핍-극단적인 냉담함, 타인에 대한 관심결여, 낮은 공감 능력, 다른 사람과 관심을 공유하는 능력 부족-은 자폐의 주요 특징으로 오랫동안 알려져 왔다. 의사소통 문제가 자폐 스펙트럼장애에서 다양한 형태로 나타난다. 이들의 비언어적 행동은 언어적 의사소통과 함께 종종 특이하게 나타난다. 예를 들어 말을 할 때 적절한 톤을 사용하지 못한다. 자폐를 가진 사람이 얼굴 표정이나 몸짓이 거의 없다는 것도 매우 일반적인 특징이다. 또한 상당수가 상호작용하면서 시선을 적절하게 맞추지 못한다. 많은 자폐를 가진 사람들은 대화를 하면서 말을 이해하거나 언어를 사용하는 데 큰 어려움을 가진다. 실제로 거의 반 정도가 말을 하거나 언어기술을 발달시키는 데 실패한다. 이들의 언어는 경직되고 반복적이다. 가장 일반적인 문제 중 한 가지는 반향어 인데 다른 사람이 한 문구를 그대로 따라한다. 동일한 억양으로 반복하지만 이해는 하지 못한다. 다른 특이한 언어는 '대명사 바꾸어 사용'이나 대명사의 혼동이다. 자폐증은 또한 제한된 상상놀이와 매우 반복적이고 경직된 행동이 특징이다. 이 장애를 가진 아동들은 다양하고 자발적인 방식으로 놀지 못한다. 자폐를 가진 사람의 운동반응도 비정상적이다. 어떤 아이들은 자해 행동을 보이는데 반복해서 머리를 쿵쿵 박거나 머리카락을 잡아당기거나 스스로 자신을 물어뜯는 행동을 한다.

11. 노화와 인지장애

섬망(delirium)

섬망은 환경에 대한 주의력과 방향감의 주요장애이다. 개인의 환경에 관한 의식이 불명확해짐에 따라, 주의력을 집중하고 체계적인 방식으로 사고하기가 매우 어려워지며, 이로 인해 오해, 환상, 때로는 환각이 일어난다. 환자들은 한밤중에 아침이라고 믿거나 실제로는 병실에서 있으면서 집에 있다고 믿을 수 있다. 이런 엄청난 혼란의 상태는 보통 단기간, 일반적으로 몇 시간이나 며칠간 진행된다.

알츠하이머병(Alzheimer's disease)

알츠하이머병은 신경인지장애의 가장 흔한 유형이다. 알츠하이머병은 기억장애가 가장 현저한 인지기능장애로 점진적으로 진행하는 질병이다. 알츠하이머병이 있는 사람들은 보통 경미한 기억문제, 주의력 실수, 언어와 소통문제로 시작한다. 증상이 악화됨에 따라 복잡한 문제를 완료하거나 중요한 약속을 기억하기 어려워진다. 결국 환자들은 간단한 일을 못하고 장기기억을 잊어버리며, 성격의 변화도 눈에 띄는 현상이다. 이들은 처음에는 자신에게 문제가 있다는 것을 부인하지만, 얼마 지나지 않아 자신의 정신상태에 관해 불안해하고 우울해지며 동요한다. 신경인지 장애가 심해짐에 따라 알츠하이머병이 있는 사람들은 자신의 한계점을 점점 더 지각하지 못하게 된다. 이들은 과거에 관한 거의 모든 지식을 잃고 가까운 친척의 얼굴도 인식하지 못하게 된다.

12. 신체형장애

허위성 장애(factitious disorder)

확인 가능한 신체적 병인이 없는 질환으로 이 장애를 가진 환자들은 환자 역할을 하기 위해 증상을 의도적으로 만들어 내거나 거짓으로 꾸민다.

전환장애(conversion disorder)

신체적 질병이 개인에게 과도하게 영향을 미칠 때, 뚜렷한 의학적 원인이 없을 때 혹은 그 질병과 관련해 알려진 것과 일치하지 않을 때 의사는 전환장애나 신체증상장애를 의심하게 된다. 전환장애를 자진 사람들은 수의적 운동 기능 혹은 감각 기능에 영향을 주는 신체적 증상들을 나타낸다. 간단히 말해 이들은 신경학적 근원이 없는 신경학적 증상(마비, 실명, 감각상실)을 경험한다.

신체증상 장애(somatic symptom disorder)

신체증상 장애를 가진 사람들은 현재 경험하는 몸의 증상을 지나치게 고통스러워하고, 증상에 대해 심하게 근심, 걱정한다. 또한 삶이 이러한 증상으로 크게 와해되었다고 근심, 걱정한다. 증상은 장기간 지속되지만 전환 장애에서 보이는 것보다 덜 극적이다. 몇몇 경우에 있어서는 신체 증상에 대한 알려진 원인이 없다. 두 유형의 신체 증상 장애가 있는데 하나는 신체화 유형이라는 불리는 신체 증상 장애로 개인은 많고 다양한 신체 증상을 경험한다. 다른 것은 통증우세유형이라고 하는 신체증상 장애로, 개인의 주된 신체적 문제가 통증의 경험이 된다.

신체화 유형

신체화 유형의 신체 증상을 가진 사람들은 기질적 근거가 없거나 아예 없는 그리고 장기간 지속되는 경향이 있는 많은 신체적 문제를 가지고 있다. 신체화 유형을 가진 사람들은 안도감을 얻기 위해 여러 의사들을 만나러 다닌다. 이들은 흔히 자신의 증상을 극적이고 과장된 용어를 사용하여 묘사하곤 한다. 이 중 대부분은 불안과 우울을 함께 경험한다. 이 유형은 증상의 변동을 가지며 보통 수년간 지속되는데, 치료 없이는 좀처럼 증상이 완전히 사라지지 않는다.

통증 유세유형

신체 증상 장애의 주된 특징이 통증이라면, 그 개인은 통증 우세 유형을 가졌다고 볼 수 있다. 전환 장애나 신체화 신체 증상 장애 환자도 통증을 경험할 수 있으나, 이 유형에서는 통증이 핵심 증상이다.

질병불안장애(illness anxiety disorder)

질병불안 장애를 가진 사람들은 건강에 대한 만성적 불안을 경험하며, 신체 증상의 부재에도 불구하고 심각한 의학적 질병을 가졌다 혹은 발전시키고 있다고 믿는다. 이들은 질병 징후를 찾기 위해 몸 상태를 반복적으로 체크하고 다양한 신체적 사건을 심각한 의학적 문제의 징후로 오해석한다. 전형적으로 신체적 사건은 일상적 기침, 상처, 발한과 같은 정상적인 몸의 변화에 불과하다. 친구, 친척, 의사가 뭐라고 말하던 간에 이들은 이러한 오해석을 계속적으로 한다. 일부는 자신의 걱정이 지나침을 인식하고 있지만 많은 이는 이를 인식하지 못한다.

13. 임상 평가의 방법

임상평가의 방법으로는 면담, 검사, 관찰이 있다.

면담

어떤 사람을 아는 가장 좋은 방법은 상대방을 직접 만나보는 것이다. 이때 우리는 행동하고 말하는 것에 대해 상대방이 어떻게 반응하는지 관찰하고, 그들의 반응을 통해 상대방이 어떤 사람인지 파악한다. 임상 면담은 직접적인 대면이다. 면담은 치료자와 내담자의 첫 번째 접촉이다. 치료자는 어떤 사람의 문제와 기분, 생활주기, 관계, 개인의 역사에 대한 자세한 정보를 모으기 위해 면담을 진행한다. 치료자들은 또한 치료에 대한 기대와 동기에 대한 정보를 수집한다. 면담에서는 기본적 정보를 모으는 것 이상으로, 임상면담 진행자는 자신이 중요하다고 생각하는 주제에 특별한 관심을 둔다.

면담은 구조화되거나 비구조화 될 수 있다. 비구조화 된 면담에서 치료자는 '자신에 대해 말해줄 수 있나요?'와 같은 간단한 개방형 질문을 한다. 비구조화 된 면담은 사전 계획 없이 면담 진행자에 따라 연관된 주제들을 탐색한다. 구조화된 면담은 치료자가 미리 준비한 질문을 한다. 모든 면담 진행자를 위해 이미 만들어진 표준화된 질문지를 이용한다. 대부분의 구조화된 면담은 시간, 장소, 주의지속시간, 기억, 판단, 통찰력, 내용과 과정, 분위기 그리고 외모에 관한 질문과 관찰로 구성된 정신상태 평가를 포함한다.

임상면담을 통해 사람들에 대한 가치 있는 정보를 얻을 수는 있지만 그 정보에는 한계가 있다. 한 가지는 타당성 또는 정확성이 부족하다는 것이다. 사람들은 자신을 긍정적으로 보이게 하기 위해 의도적으로 거짓을 말하거나 부끄러운 주제는 피한다. 어떤 사람은 면담을 통해 정확한 정보를 주지 못할 수도 있다.(예, 우울증을 앓고 있는 사람은 자신에 대해 비관적)이다. 면담 진행자 또는 자신이 수집한 정보를 편향되게 해석할 수 있다. 예를 들어 면담 진행자는 첫 인상이나 내담자에 대한 좋지 않은 정보에 큰 비중을 두기도 한다. 면담 진행자의 성별, 인종, 연령에 대한 편견은 또한 내담자가 말하는 것에 대한 해석에 영향을 줄 수 있다. 특히 비구조화 된 면담은 신뢰도가 낮다.

검사

검사(test)는 개인에 대한 더 많은 정보를 추론하기 위해 개인의 다양한 심리적 기능에 대한 정보를 모으는 도구이다. 현재 미국에는 500개가 넘는 임상검사가 사용되고 있다. 치료자는 다음의 여섯 가지 검사, 즉 투사검사, 인성검사, 반응목록, 정신생리학적 검사, 신경학적 검사, 지능검사를 가장 많이 사용한다.

투사적 검사에서는 내담자가 잉크 얼룩 또는 애매모호한 사진과 같은 모호한 자극을 해석하게 하거나 '사람을 그리시오'와 같은 개방형 지시를 따르게 한다. 투사검사는 사람들이 자신의 성격의 단면을 '투사할 것이다'라는 가정에 근거한다. 투사검사는 주로 정신역학치료자가 무의식에 접근하여 비정상의 근거가 된다고 믿는 갈등을 알아내기 위해 사용한다. 종류로는 로샤검사, 주제통각검사, 문장완성검사 등이 있다. 투사검사는 1950년대까지 성격을 평가하는데 가장 많이 사용되었다. 하지만 최근에 치료자와 연구자는 투사검사를 부수적인 정보를 수집하는데 사용한다. 투사검사는 타당도와 신뢰도가 확립되지 않았다. 성격검사는 개인에 대한 정보를 모으는 또 다른 방법으로 자신을 스스로 평가하는 것이다. 성격검사를 통해 대상자에게 행동, 신념, 기분에 대한 광범위한 질문을 한다. 전형적인 성격검사에서 개인은 각 항목이 자신에게 적용되는지를 표시한다. 그 후 치료자는 내담자의 반응을 그 사람의 성격과 심리적 기능에 대한 결론을 내리는 데 사용한다. 대표적인 성격검사는 MMPI이다.

반응평정도구는 성격검사와 같이 자세한 정보를 알기 위해 사람들에게 질문하지만, 특정 기능 분야에 초점을 맞춘다. 예를 들어 어떤 검사에선 감정을, 또 다른 검사에선 사회적 기술을, 그리고 다른 검사에선 인지과정을 측정한다. 정서평정도구는 불안, 우울, 분노와 같은 격렬한 감정을 측정한다. 가장 널리 사용되는 정서평정도구는 Beck의 우울평정도구이다. 인지평정도구는 개인의 사고와 가정뿐 아니라 사고의 역기능적 유형을 밝혀낸다. 지난 30년 동안 반응평정도구와 이를 사용하는 치료자의 수는 꾸준히 증가했다. 그러나 반응평정도구에도 한계가 있다. Beck의 우울평정도구와 그 밖의 소수의 도구를 제외하고는 표준화, 타당도, 신뢰도가 구축된 도구가 매우 적다.

정신생리학적 검사는 치료자가 정신적 문제의 지표인 생리학적 반응을 측정할 때 사용한다. 수십 년 전 몇몇 연구에서 불안 증상이 보통 심박수, 체온, 혈압, 전기피부반응, 근육수축과 같은 생리학적 변화들을 수반한다는 것을 알아낸 후 이 검사가 시작되었다. 생리학적 변화의 측정은 특정 정신장애 평가에서 핵심적인 역할을 해왔다. 그러나 다른 검사와 마찬가지로 정신생리학적 검사도 문제점이 있다. 대부분의 검사는 관리와 유지비용이 많이 드는 비싼 기계를 필요로 한다. 더군다나 정신생리학적 측정은 정확도와 신뢰도가 떨어진다. 실험실 장비는 참가자를 예민하게 만들 수 있고 신체반응을 변화시킬 수 있다.

신경학적 그리고 신경심리학적 검사는 일부 성격 또는 행동 문제는 주로 뇌손상 또는 뇌 활동의 변화에 의해 발생한다. 최근에 뇌구조와 뇌 활동을 직접 측정하는 다양한 신경학적 검사를 개발하였다. 뇌전도(EGG)는 뉴런의 활성화의 결과로 뇌 안에서 발생하는 전기 활동인 뇌파를 측정하는 검사이다. 다른 신경학적 검사로 뇌 스캐닝과 신경촬영기법도 있다. 이런 기술들은 널리 사용되기는 하지만 미세한 뇌 이상을 탐지하지 못할 수도 있다. 때로 특정 과제의 인지, 감각, 운동 수행을 측정하고 근본적인 뇌 문제의 지표로써 이상 수행을 해석하는 신경심리검사가 개발되었다. 대표적인 검사로

벤더 시각-운동 게슈탈트검사이다. 마지막으로 지능검사는 가장 잘 만들어진 임상검사 중 하나이다. 지능검사는 신뢰도가 높지만 단점도 있다. 낮은 동기 또는 높은 불안과 같은 지능과 상관없는 요인이 검사결과에 영향을 끼친다.

임상관찰

면담과 검사에 더해 치료자는 체계적인 내담자의 행동을 관찰할 수 있다. 자연관찰에서는 치료자가 일상 환경에서 내담자를 관찰한다. 또 다른 방법인 아날로그 관찰에서는 치료자가 치료실 혹은 실험실과 같은 인위적인 환경에서 내담자를 관찰한다. 마지막으로 자기관찰에서는 내담자가 자신을 스스로 관찰하도록 배운다. 자연적 임상관찰은 보통 집, 학교, 병원이나 감옥과 같은 시설, 또는 지역사회에서 진행된다. 자연관찰이 불가능하면 비디오테이프 녹화나 일방경과 같은 특정기구를 사용하는 아날로그 관찰에 의존한다. 직접관찰에서 많은 것을 배울 수 있지만 임상관찰에도 단점이 있다. 하나는 항상 신뢰할 만하지 않다는 것이다. 같은 사람을 관찰해도 치료자에 따라 다른 행동에 초점을 맞출 수 있고, 평가 및 결론이 달라질 수 있다. 또한 관찰자들은 관찰의 타당도 또는 정확도에 영향을 미치는 오류를 범할 수 있다. 내담자의 반응성 또한 임상관찰의 타당도를 제한할 수 있다. 내담자의 행동이 관찰 자체에 영향을 받을 수 있다. 마지막으로 임상관찰은 교차-상황 타당도 가 부족할 수 있다.

자기관찰은 자기 자신에 대한 행동, 인지, 감정에 대해 자세하게 보고하는 것이다. 자기 관찰은 특히 다른 종류의 관찰에서 알아내기 힘든, 드물게 발생하는 행동을 평가하는데 유용하다. 하지만 다른 모든 임상 평가처럼 자기관찰에도 단점이 있다. 역시 타당도가 가장 문제가 된다. 사람들은 언제나 자신이 관찰한 것을 정확하게 기록하지 못하고 자신의 행동을 관찰하는 동안 사람들은 의도하지 않게 행동을 변화시킨다.

8장

스트레스와 자기관리

1. 스트레스의 유래

스트레스의 어원은 '팽팽하다(tight)', '좁은(narrow)'이라는 뜻을 가진 라틴어의 strictus 또는 stringere라는 말에서 유래되었다. 이러한 어원은 스트레스를 경험할 때 느끼는 답답한 느낌, 근육의 긴장 등을 잘 반영하고 있다.

이후에 스트레스란 개념이 '환경에서 오는 어려움', '경제적 곤란' 등을 의미하였고, 18세기에 이르러 물리학이나 공학에서 전문적으로 스트레스 개념을 사용하였다. 현대적 의미에서의 스트레스는 1936년 캐나다의 내분비학자인 Hans Selye가 의학적인 개념으로 사용하면서 일반화되어 지금까지 사용되고 있다.

2. 스트레스 정의

물리학에서 본 스트레스란 본래 개체에 가해지는 압력이나 물리적 힘을 의미한다.

의학적 견지에서의 스트레스란 물리학적 개념이 도입되면서 외부의 압력이나 힘에 대한 인체의 압박감이나 근육긴장(muscle tension)과 같은 신체 반응으로 다시 말해 정신(psyche)과 신체(soma) 간에 상호작용을 포함하는 흥분상태라고 정의한다.

스트레스는 개체에 부담을 주는 외적 사건이나 자극으로 보기도하며, 스트레스 인자에 대한 개체의 반응으로 보기도 하고 또는 개체와 환경 간의 상호작용에 의해서 개체가 위협받는 상태로 일컬어지기도 한다.

최근의 스트레스에 대한 정의는 다음과 같다.

1) 스트레스를 개인에 의해 의미 있는 것으로 지각되는 외적 및 내적 자극으로 보고 이것이 감정을 야기 시키고 마침내 건강과 생존을 위협하는 생리적 변화까지 일으키는 것으로 본다.

2) 인간이 적응해야 할 외적 자극이나 변화이거나, 또한 그때 느끼는 생리적, 행동적 반응까지를 포함하여 스트레스로 정의한다.

3) 스트레스란 개체에게 가해진 사건 자체보다는 사건에 대한 개인의 주관적 해석에 의해 좌우된다. 즉 같은 상황, 사건이라도 이에 대한 반응은 사람마다 달라서 어떤 사람은 불안하고 어떤 사람은 오히려 즐거워 할 수도 있다.

4) 스트레스란 개인과 환경간의 특별한 관계로 스트레스에 대처하기 위해

요구되는 자원이 사용 가능하고 동원 가능한 범위를 초과하여 인간의 동기를 좌절시키거나 안녕을 위협할 때 일어난다.(Lazarus & Folkman, 1984)

5) 일반적으로 스트레스는 부정적으로 개념화되고 있다. 하지만 Hans Selye 는 스트레스의 원천이 긍정적으로 작용할 수도 있고 부정적으로 작용할 수 있음을 지적하였다. 즉 스트레스원(stressor)은 인간의 적응수준에 따라서 '불편한 스트레스(distress)'로 나타날 수도 있고, 아니면 '기분 좋은 스트레스(eustress)'로 나타날 수도 있다.

3. 스트레스 종류

스트레스라고 할 때 스트레스원(stressor)와 스트레스 반응을 혼용해서 사용하는 경우가 있다. 스트레스원은 스트레스 반응(생리 · 심리적 반응)을 일으키는 원인으로서의 일이나 사건이다. 스트레스반응은 스트레스원에 의해 나타난 결과이다.

원 인	유 형	
스트레스의 방향	Eustress (+) 승진, 결혼, 휴가 등 긍정적 생활사건	Distress (-) 가족의 사망, 실직, 사업실패 등 부정적 생활사건

적정수준의 스트레스는 성과를 개선하였으나 그 적정수준을 넘으면 성과는 감소한다.(Yerkes & Dodson)

4. 직무스트레스

스트레스와 직무 활동

직무와 관련하여 발생하는 스트레스를 직무 스트레스라고 한다.

스트레스원(stressor)은 직무 또는 그와 관련된 사항과 사람들이 되고 스트레스 반응의 주체는 조직원이 된다.

직무스트레스 관리가 왜 중요한가?

직무스트레스는 피할 수 없는 직장생활의 동반자로서 "회사는 월급과 스트레스를 함께 준다."는 농담이 있을 정도로 직무스트레스는 개인에 대한 임상적인 문제뿐만 아니라 개인이 소속되어 있는 조직차원에서 개인 및 집단이 행하는 업무와 관련하여 직무만족 및 직무성과에 큰 영향을 준다.

따라서 개인의 동기나 능력에 맞는 직무 환경을 제공하지 못하거나 개인의 능력이 직무 환경을 감당하기 어려울 때 직무스트레스는 증가하고 업무의 효율과 직무만족은 감소하여 그 결과로 결근, 빈약한 직업관, 직무 만족 저하, 침체된 조직분위기, 사고 및 재해증가, 낮은 생산성, 이직과 전직 등 조직 전반에 막대한 영향을 미치게 된다. 따라서 조직관리에 있어 조직원의 직무스트레스를 줄일 수 있는 직무환경을 디자인하고 존재하는 스트레스를 해결할 수 있는 관리 방안을 모색하여야한다.

직무 및 조직과 관련한 스트레스 원(Stressor)

① 과제의 특성상 일이 지나치게 복잡하거나 지나치게 단조로움.

② 역할갈등이 있거나 역할이 모호함.

③ 산업의 조직문화와 풍토(집단주의/개인주의) : 우리나라의 집단주의 문화에서는 개인과 조직간의 도덕적 관계, 동료나 상사와의 관계, 개인목표에 우선하는 집단의 목표 등을 중요시한다.

직무스트레스와 관련된 우리 자신에게 있는 비현실적 믿음

* 자신의 업무는 100% 완벽하게 수행해야 한다.
* 모든 동료와 잘 지내야 한다.
* 절대로 상사와 충돌하는 일은 없어야 한다.
* 후배직원에게 항상 존경받을 수 있어야 한다.

5. 스트레스 반응

스트레스에 대한 반응 유형	세부 결과
행동적 반응	흡연, 알코올・약물남용, 돌발적 사고, 폭력, 식욕부진
심리적 반응	가정불화, 수면방해, 성적 역기능, 우울증 등
의학적 반응	두통, 피부질환, 소화장애, 폐질환, 암, 당뇨, 심장질환

스트레스와 질병과의 관계

우리나라의 한 연구조사에서 내과계 입원환자의 71%가 스트레스로 인해 발병되었거나 기존의 신체적 질병이 악화되었다고 밝혀졌다. 심리적 인자로서의 스트레스가 신체 질병과 밀접한 관련이 있다는 것은 이미 많은 연구에서 밝혀졌으나 스트레스 원으로서의 정신・사회적 인자들이 어떤 기전을 통해서 신체적 질병에 영향을 미치는가 하는 점은 아직 확실히 밝혀지지 않았다. 다음은 스트레스에 기인하는 질병 발생기전에 대해 설명하는 이론이다.

셀리에(H. Selye)는 이를 스트레스에 대한 전신적인 자기방어 기전으로 보고, 일반적응 증후군(GAS: general adaptation syndrome)이라 하였다. 이 이론에서는 질병을 심리적, 물리적 스트레스는 인체의 뇌에서 지각되고 시상하부-뇌하수체-부신피질(hypothalamic-pituitary-adrenocortical)축의 호르몬을 변화시켜 각종 질병을 일으킨다고 본다.

일반적응 증후군(General Adaptation Syndrome)의 3단계는 첫째, 경보반응단계(alarm reaction stage)로 스트레스에 대한 초기 적응반응이 일어나는 단계이다. 어떤 상황을 위협으로 지각하여 투쟁 혹은 도피 반응이 유발되고, 그에 따른 생리적 각성이 생기게 되는 것을 말한다. 대개의 사람은 스트레스를 받는 일이 생기고 없어지고 함에 따라 경고 단계를 들어가고 나오기를 하루에도 수차례 경험한다. 경고 단계에서는 심리신체 증상은 유발되지 않는 것이 보통이다. 그러나 스트레스가 지속되면 저항단계에 돌입하게 된다. 저항단계(resistance stage)에서는 개인이 가진 자원과 에너지가 총동원되고, 스트레스에 대한 적응 반응이 최고점에 이르게 된다. 이는 유기체가 스트레스에 장기간 노출될 때 계속해서 신경계와 내분비계의 변화를 야기하면서 나름대로 스트레스에 적응하는 것이다. 겉으로 보기에는 잘 적응하고 있는 것처럼 보이나, 몸은 스트레스에 대항하기 위해 많은 에너지를 소비하고 있는 상태이다. 마지막 탈진단계(exhaustion stage)에서는 지속적 스트레스는 적응 에너지의 고갈로 이어지고 개인이 보유하고 있는 자원이 고갈되며 스트레스에 대한 적응반응은 아주 약해진다. 이로 인해 질병이나 신체의 면역체계가 약해지고 감기, 위통, 알레르기, 근육통등과 같은 심리신체 증상이 나타나게 된다. 심리적으로 자포자기나 우울감이 생긴다. 드문 예로 경보반응단계에서도 스트레스로 인해 1~2시간 이내에 사망(쇼크사)하는 급성 반응을 보일 수도 있다.

스트레스 관리 및 대처

직무 스트레스가 적정 수준을 제외하고는 개인, 집단, 조직에 있어서 업무의 만족과 성과에 대부분 부정적 영향을 미친다. 따라서 스트레스 관리 역시 개인 차원과 집단, 조직 차원으로 과도한 수준의 스트레스에 이르지 않도록 하는 것이 우선이라 할 수 있다. 그러나 과도한 스트레스를 예방하려는 노력에도 불구하고 스트레스에 직면하였을 때 우리는 스트레스원에 대처할 수 있는 기법을 동원해서 스트레스를 관리하여야 한다.

대처(coping)란

대처란 스트레스에 의해 일어나는 요구에 적응하거나 요구를 줄이거나 감소하는 행동(Weiten, 1986), 또는 스트레스가 요구하는 상황을 조절하거나 개인이 스스로 스트레스를 통제할 수 있는 능력을 확장하기 위한 의식적인 시도(Anshel,1997)이기 때문에 행동적이고 심리적인 방법이어야 한다.

대처는 하나의 특정 반응으로 구성되는 것이 아니라 스트레스 원을 통제할 수 있는 몇 개의 과정이 종합적으로 나타난다. 또한 그 효과도 같은 자극에 대한 스트레스 반응이 다른 것처럼 대처 효과도 각자 다를 수 있다. 이와 같이 개인차가 크기 때문에 일반적 대처 원리에 따라 설명하기엔 어렵지만 Kreitner(1992)는 다음과 같이 네 가지의 원리를 제시하였다.

스트레스 대처 원리(Kreitner, 1992)

A. 상황의 관리

- 비현실적 마감 일자를 피하라.
- 자신의 한계를 알고 최선을 다하라.
- 스트레스 유발 상황과 사람을 식별하고 자신의 노출을 제한하라.

B. 타인에 대한 자신의 개방

- 자신과 대화가 통하는 사람과 자신의 문제 등을 자유롭게 논하라.
- 곤란한 상황이라도 가능하면 웃어라.

C. 자신의 조절

- 하루의 계획을 탄력적으로 설계하라.
- 한꺼번에 여러 가지 일을 계획하지 마라.
- 자신의 능력에 따라 보조를 맞추며 여유로운 휴식도 가끔 필요하다.
- 반응을 하기 전에 생각하라.
- 分 단위가 아닌 日 단위에 기본을 두고 생활하라.

D. 운동과 긴장, 피로의 해소

- 적절한 운동을 해라.
- 규칙적인 휴식과 이완을 하라.
- 피로 회복을 위한 구체적인 방법을 시도하라.

6. 스트레스 척도

Thomas Homes와 Richard Rahe(1967)는 스트레스 생활 사건들과 신체 질병들 간의 관계를 연구하면서 스트레스를 유발시키는 생활변화를 측정하기 위해 사회 재적응 평정척도(SRRS:Social Readjustment Rating Scale)를 개발하였다. 여러 연구들을 통해서 SRRS에서 높은 점수들을 가지고 있는 사람들이 여러 종류의 신체 질병과 심리학적 문제들에 더 취약함을 가지고 있다는 사실을 밝혀내었다. 다음 표는 사회 재적응 평정척도이다. 이러한 척도는 지난 6개월 동안 주요 생활사건의 스트레스 점수 총합이 300점을 넘거나 혹은 지난 1년간 경험한 스트레스 점수 총합이 500점을 넘는다면 최근에 상당히 높은 수준의 스트레스를 경험하고 있다는 것을 나타내며, 스트레스 때문에 신체적 질병을 일으킬 확률이 아주 높다(Miller & Rahe, 1997). 이러한 평가척도는 절대적인 것은 아니며, 각 개인의 환경적, 성격적 특징에 따라 그 비중이 달라질 수 있다.

생활변화량 점수계산을 위한 사회 재적응 평가척도(변화에 적응하는 스트레스)

주요 생활사건	스트레스 점수
배우자의 사망	119
이혼	98
가족이나 가까운 친지의 사망	92
실직	79
다치거나 질병에 걸림	77
친한 친구의 사망	70
임신	66
재정 상태의 변화	56
근무조건의 변화	51
결혼	50
성생활의 문제	45
생활환경의 변화	42
거주지의 변화	41
학교를 다니기 시작하거나 그만둠	38

커다란 개인적 성취	37
학교에서의 변화	35
직장 상사와의 갈등	29
개인적 습관의 변화	27
수면 습관의 변화	26
사소한 법률 위한	22
휴가	5
총점 300점 이상이면 질병을 일으킬 위험이 높다.	

7. 스트레스와 관련된 성격 및 사회적 요인

심리적 강인성(psychological hardiness)

심리적 강인성의 개념은 코바사(Suzanne Kobasa)가 제시한 것으로 스트레스에 잘 견디는 성격 특성을 말한다. 코바사(Kobasa, 1982)는 회사의 중간 간부와 상위 간부, 그리고 바쁜 업무에 시달리는 변호사를 대상으로 연구한 결과, 많은 업무와 스트레스에도 불구하고 건강하게 잘 기능하는 사람들이 있었는데, 이들은 심리적으로 강인한 특성을 가지고 있다고 주장한다. 심리적 강인성에는 통제감(control), 몰입(commitment), 도전(challenge)의 세 가지 특성이 있다. 통제감은 자신의 행위가 상황에 직접 영향을 미칠 수 있다고 생각하는 것이고, 몰입은 뚜렷한 가치관과 목표의식을 가지고 일에 몰두하는 것이며, 도전은 문제를 회피하기 보다는 맞부딪혀 해결해 나가는데서 희열을 느끼는 것이다. 이처럼 통제감, 몰입, 도전의 특징을 지닌 심리적으로 강인한 사람은 큰 스트레스라 하더라도 잘 견딜 수 있다.

낙관주의와 비관주의

낙관주의(optimism)는 자신에게 좋은 일이 일어날 것이라고 믿고 기대하는 성격특성이다. 반대로 비관주의(pessimism)는 자신에게 나쁜 일이 일어날 것이라고 기대하는 것을 말한다. 연구자들은 낙관적인 사람이 스트레스를 적게 느끼며 스트레스와 관련된 신체질환이 적다는 사실을 밝혔는데, 그 이유는 좋은 일이 일어날 것을 기대하는 낙관적인 사람들은 문제에 봉착했을 때 문제에 대한 불평보다 문제 해결에 에너지를 더 집중하기 때문이라고 하였다.(Wiebe & Smity, 1997) 반대로 비관적인 사람들은 문제에 직면하게 되면 문제를 해결하기 보다는 회피하려는 경향이 높았고, 분노와 짜증, 두려움, 불안과 같은 부정적인 정서를 강하게 느끼는 것으로 나타났다.

통제의 소재

사람들은 자신의 삶을 어느 정도 통제할 수 있느냐 하는 믿음의 정도가 다르다. 어떤 사람은 자신의 삶은 자가가 통제할 수 있다고 믿는데, 이런 신념을 심리학에서는 내적 통제 소재(internal locus of control)라고 부른다. 반대로 자신의 노력은 별 소용이 없고 운이나 우연이 자신의 삶을 지배한다고 믿으면, 이런 신념은 외적 통제 소재(external locus of control)라고 한다. '아무리 열심히 공부해도 시험을 잘 볼 수 없다'고 믿는 학생은 외적 통제소재를 가진 학생이다. 이런 학생은 시험을 도전이 아니라 위협으로 지각하게 되며, 그로 인하여 불안, 두려움과 같은 부정적 정서를 높게 느낄 가능성이 크다. 반대로 '아무리 어려운 시험이라도 열심히 준비하면 잘 볼 수 있다'고 믿는 학생은 내적 통제 소재를 가진 것이고, 시험을 위협보다는 도전으로 해석하고, 그에 따라 긍정적인 정서가 높아져 스트레스를 적게 지각하게 될 것이다. 통제 소재와 스트레스의 관계에 대한 연구에서도 내적 통제 소개를 지닌 사람들보다 외적 통제 소재를 지닌 사람들이 스트레스를 더 크게 느끼는 것으로 나타났다.(Wiebe & Smith, 1997)

A 유형 행동

1974년 프리드먼과 로젠먼(Friedman & Rosenman)의 『A유형 행동과 당신의 심장』이라는 책이 출간되면서 심장병을 유발하는 주요 심리적 요인으로서 A유형 행동이 처음으로 알려지게 되었다. A유형 행동의 특성은, 일을 할 때 지나치게 경쟁적이고 공격적이며, 일이 조금이라도 뜻대로 안되면 쉽게 짜증과 화를 내고, 항시 서두르며 늘 시간에 쫓기듯 살고, 말이 빠르고 격정적이며 휴식도 없이 일을 하는 일중독의 특성을 보인다. 반대로 B유형 행동은 여유 있고 느긋하고 편안하며, 차분하고 인내심이 있다.

사회적 지지(social support)

스트레스를 극복하게 해 주는 사회적 지지는 다음과 같은 세 가지 특성을 가지고 있다. 첫째, 가족이나 친구들에게 정서적으로 친밀감과 애착을 느끼며, 둘째, 가족이나 친구 간에 필요한 도움을 주고받고 셋째, 자신을 위해 주는 가족과 친구의 존재를 강하게 느끼는 것이다. 과거에는 외로움이나 사회적 지지의 부족이 스트레스로 인한 신체 질환을 야기한다고 생각하는 이는 거의 없었다. 그러나 최근 들어 사회적 지지의 중요성은 스트레스를 감소시키고 스트레스와 관련된 신체적 질환을 예방하는데 날로 더 강조되고 있다.(Ornish, 1998)

9장

상담심리

1. 상담의 정의

전문적인 훈련을 받은 상담자가 특정한 문제를 가진 내담자로 하여금 자신이 처해 있는 입장과 환경을 이해하고 합리적인 의사결정을 내리고, 적절한 행동을 실행할 수 있도록 돕는 활동이다.

다시 말해, 상담이란 적응상의 문제에 직면하여 조력을 필요로 하는 개인과 심리학적 훈련이나 지식이 풍부한 경험으로 타인을 조력할 수 있는 자질을 가진 전문가와의 면대면 관계에서 대화를 통해 행해지는 적절한 원조 과정이다.

2. 상담의 목표

행동변화의 촉진

상담은 행동의 변화를 촉진하고 좀 더 생산적이고 행복한 생활을 하는데 방해가 되는 행동을 감소시키거나 제거시키고, 만족스럽고 행복한 생활을 하는데 필요한 행동을 증가시킨다.

적응기술의 증진

개인이 생활 속에서 원활하게 적응하는데 필요한 기술을 습득하고 증진하도록 조력한다.

의사결정능력의 함양

개인이 자신의 문제를 해결하는데 필요한 의사결정을 현명하게 내릴 수 있도록 한다.

인간관계의 개선

사회생활에 유용한 인간관계를 바람직하게 개선하고 변화시키도록 한다.

잠재능력의 개발

각 개인이 타고난 잠재능력을 충분히 인식하고 계발하여 최대한의 자아 실현을 이루도록 적극 지원한다.

자아정체감의 확립

각 개인들이 자신의 진솔한 특성과 모습을 인식하여 자아정체감을 확립하도록 돕는다.

긍정적 자아개념의 형성

긍정적인 태도와 신념을 갖추도록 조력한다.

3. 상담의 기술

듣기(경청)

의사소통의 첫 단계는 경청하는 것인데 경청하기(listening)이란 성급한 판단이나 평가를 유보하고 먼저 상대에 대해 충분히 이해할 때까지 그의 말에 귀를 기울이는 것을 의미한다. 경청은 상대방이 직접 말로 표현한 것뿐만 아니라 직접 표현하지 않았지만 말에 포함되어 있는 여러 가지 심리적 요소를 포착하는 것을 의미한다. 롱(Long, 1996)은 '경청'을 상대방이 하는 언어적으로 또는 비언어적으로 그리고 직간접적으로 전달하는 메시지를 포착하기 위해 상대방이 말할 때 우선 주의집중 하면서 듣는 것이라고 정의하였다. 우선 주의집중 한다는 것은 언어는 물론 비언어적인 표현에도 주의를 기울이는 것을 말한다. 즉, 얼굴표정(미소, 얼굴 찡그림, 입술 삐죽거림 등), 목소리(목소리의 높낮이, 속도, 긴장정도, 말의 간격, 강조, 멈춤, 침묵, 유창함 등), 신체행동(자세, 몸 움직임, 제스처 등), 신체 반응(호흡속도, 얼굴 및 목의 색, 눈동자 움직임, 입술 떨림, 눈물 등), 신체특징(체격, 키, 몸무게 등), 일반적인 외모(옷 입는 스타일, 화장) 등을 모두 포함한다.

심리학자인 Egan(1994)은 상대방에게 주의집중 하는 기술을 다음과 같이 ENCOURAGES로 정리하였다.

E : 눈(eye)맞춤을 적당하게 유지한다.
N : 고개 끄덕임(nods)을 적당한 수준으로 사용한다.
C : 문화적 차이(culture differences)를 인식하고 존중을 유지한다.
O : 내담자 쪽으로 열린 자세(open stance)를 유지한다.
U : '음(Uhmm)'등의 인정하는 언어를 사용한다.
R : 편안하고(relaxed)자연스럽게 대한다.
A : 주의를 분산하게 만드는 행동은 피한다.(avoid)
G : 내담자의 문법양식(grammatical style)에 맞춘다.
E : 제 3의 귀로(third ear)로 듣는다.
S : 적절한 공간(space)을 사용한다.

의사소통 기술에서 가장 기본이 되는 주의집중 하면서 듣기(경청)는 상대에 대한 관심을 표현하는 것으로 상대방을 존중하고 있다는 메시지를 전달하고자 하는 목적뿐만 아니라 상대방의 호소를 명확하게 하기 위한 자료 수집을 위해서도 매우 중요하다. 상대방의 언어적 메시지를 잘 들음으로써 경험, 행동, 정서를 파악하며, 비언어적인 행동을 관찰함으로써 상대가 말하고 있는 내용과의 일치성과 강도를 파악할 수 있다. 듣기(경청)과정에서 우선하여 유의할 점은 상대방이 이야기 하는 내용과 태도에 대해서 편견을 갖지 않는 것이다. 듣는 사람은 자신이 가지고 있는 사회적 편견이나 선입견에 대해 주의 깊게 관찰하고 상대방에 대한 시각이 왜곡되어 있는지를 잘 점검하면서 들어야 한다.

상대방의 비언어적 표현(행동, 표정, 목소리, 생리적 변화)부터 언어적 표현은 물론 상대방이 아직 표현하지 않은 감정이나 동기 등도 파악하려고 노력하는 것이 요구된다.

실습

1. 자신의 상대와 5분 동안 번갈아 가면서 최근에 있었던 경험을 나눈다.
2. 상대방의 이야기를 듣는 동안 언어적인 내용뿐만 아니라 말의 억양, 표정 등 비언어적인 내용도 잘 경청한다.
3. 서로 이야기가 모두 끝나면 경청한 이야기를 상대에게 전달한다. 이때 상대방의 얼굴 표정과 말의 높낮이 등 비언어적인 내용도 전달한다.
4. 상대방이 전달하는 이야기를 들은 후 본인의 한 말과 행동이 일치하는지에 대해 논의한다. 그리고 상대방이 자신의 이야기를 전달할 때 경험한 느낌에 대해서도 자유롭게 이야기해 본다.

반영하기

반영하기(reflection)는 듣는 사람이 말한 사람의 말을 참신한 말로 다시 표현해서 돌려주는 것이다. 듣는 사람은 자신의 방어적, 판단적인 반응을 금지하고 의도적으로 상대방에게 집중하여 경청해야 한다. 반영하기는 경청하기기와 매우 밀접한 관계가 있다. 정확하고 민감한 반영하기는 상대방으로 하여금 자신이 잘 이해받고 있음을 알게 해 준다. 반영하기의 역할은 말하는 사람의 언어나 행동 이면에 내재하고 있는 느낌과 감정이 무엇인지 자신이 분명히 깨달을 수 있도록 해 주는 효과가 있다.

반영기술에는 다음과 같은 것이 있다.

① 상대방의 징서 상태에 대해 민감해야 한다.

② 상대방이 느끼는 감정을 나타내는 가장 적절한 단어를 찾는다.

③ 상대방의 표면적인 감정을 우선 반영하고 점차 심층적인 감정을 반영한다.

④ 상대방이 느끼는 감정이 어디에서 유발되는 것인지에 대해 연관 짖는다.

⑤ 무미건조한 말투로 덤덤하게 반영하기 보다는 얼굴표정, 말의 억양 등을 적절히 활용하여 상대방이 자신의 감정을 충분히 알아차릴 수 있도록 반영한다.

⑥ 이와 같은 감정 반영이 상대방에게 일치하는지 파악한다.

명료화

명료화는 상대방의 말 속에 포함되어 있는 불분명한 측면을 분명하게 밝히는 반응이다. 명료화는 내담자가 말한 애매모한 자료나 의미를 상담자가 이해하기 쉽게 다시 말해 준다는 점에서 상대방의 자기이해를 촉진해주는 기법으로 볼 수 있다.

> **명료화의 일반적 지침**
>
> ① 내담자의 말이 모호하거나 잘 이해되지 않았음을 밝힘.
>
> ② 내담자 스스로 자기의 말을 재음미하거나, 구체적인 예를 들어 명확히 해 줄 것을 요청함.
>
> ③ 내담자 진술에 대한 상담자의 반응을 나타냄으로써 내담자의 반응을 분명하게 함.
>
> ④ 직면 반응과 같이 직접적이고 강렬하지 않도록 함.

공감하기

공감하기(empathy)는 상대방이 경험하고 있는 주관적인 체계 속으로 들어가서, 상대방의 감정을 같이 느끼고 그의 세계를 바라보며, 상대방의 감정과 연결된 경험과 행동을 충분히 이해하고 전달하는 것이다. 공감은 기본 공감과 발전 공감의 두 가지 수준이 있다. 우선 기본 공감은 상대방이 현재의 순간에 느끼는 감정을 정확하게 이해하고 그 감정과 관련 없는 경험과 행동을 인식하여 그것을 상대방에게 전달하는 것이다.

발전 공감은 상대방이 진술한 내용에 드러난 표면적인 감정을 반영할 뿐만 아니라, 표현하지 못한 채 그냥 지나가 버리고 알아채지 못하는 내용까지도 이해하도록 도와주는 공감기술이다.

초기 만남 단계에서는 단순한 기초 공감만으로도 진행할 수 있다. 하지만 과정이 좀 더 진행되면 상대방에 대한 다양한 정보를 수집하고 이로써 적절히 반영할 수 있는데 발전 공감을 제공하면 더 깊은 자기 이해를 도울 수 있다.

효과적인 공감반응을 위해서는 말하는 상대방이 말을 멈추고 침묵의 상태가 되었을 때 조급하게 반응하게 되면 상대방의 이야기를 충분히 심사숙고 하지 못하게 되어 그 다음 과정이 연결되지 않아 피상적인 방향으로 흐르기 쉽다. 따라서 말을 멈추거나 침묵하더라고 조급하게 반응하지 말고 기다려야 한다. 또한 공감반응을 전달할 때는 미사어구를 나열하여 자세하게 전달하는 것보다는 간결하게 하는 것이 좋다. 전달해야 할 말의 내용과 일치된 억양을 사용하며, 상대가 사용하는 언어를 사용하여 전달하는 것이 효과적이다.

감정단어 활용

불쾌한 정서

긴장, 불안, 두려움
긴장된, 초조한, 조바심 나는, 안절부절못하는, 전전긍긍하는, 안달복달하는, 조급한, 조심스러운, 걱정스러운, 겁나는, 겁먹은, 굳어버린, 다리가 후들거리는, 떨리는, 불안한, 손에 땀을 쥐게 하는, 무서운, 두려운, 소름끼치는, 등골이 오싹한, 애타는, 얼어붙은, 숨이 막힐 것 같은, 심장이 멎는 것 같은

분노
화난, 분한, 울화가 치미는, 분개한, 격분한, 성난, 열 받은, 신경질 나는, 약 오른, 격앙된, 격노한, 머리 뚜껑이 열리는, 욱하는

놀람
놀란, 깜짝 놀란, 덜컥하는, 기막힌, 경악을 금치 못하는, 아찔한, 쇼크 받은, 아연실색하는, 어안이 벙벙한, 움찔하는, 충격적인, 하늘이 무너지는, 할 말을 잃은, 황당한

외로움
쓸쓸한, 고독한, 고립된, 외로운, 처량한, 처절한

슬픔, 절망, 무기력
상심한, 슬픈, 기운 없는, 눈물이 나는, 서글픈, 코가 시큰한, 기분이 처지는, 불행한, 서러운, 무기력한, 암담한, 앞이 안보리는, 우울한, 울고 싶은, 울적한, 우수에 젖은, 의기소침한, 위축된, 침울한, 의욕없는, 절망하는, 주눅이 든, 막막한, 희망이 없는, 힘빠진, 맥 빠진, 힘없는, 낙심한, 기분이 가라앉는, 참담한, 가슴이 찢어지는, 다리가 후들거리는, 비통한, 후회스러운

고통스러운
고통스러운, 괴로운, 비참한, 상처받은, 속상한, 억울한, 억장이 무너지는, 가슴이 찢어지는, 원통한, 참담한, 한 맺힌, 한스러운

고민스러운
고민되는, 성가신, 짜증스러운, 불편한, 귀찮은, 낭패스러운, 난감한, 거슬리는, 신경이 날카로운, 예민해진, 민감해진, 심란한, 마음이 복잡한, 부담스러운, 중압감을 느끼는, 수심에 찬

당황
겸연쩍은, 곤혹스러운, 난처한, 당혹스러운, 어리둥절한, 멋쩍은, 민망한

수치심, 죄책감
부끄러운, 쑥스러운, 창피한, 수치스러운, 죄스러운

단절감
멍한, 몽롱한, 무감각한, 냉담한, 거리감이 느껴지는, 냉랭한, 넋이 나간, 단절된, 마비된, 마음이 닫힌, 물러선, 무감동한, 무관심한, 무신경한, 무심한, 시큰둥한, 따분한, 심드렁한, 싸늘한, 얼이빠진, 재미없는, 흥미 없는

불만족, 서운함
뚱한, 고까운, 기분상한, 낙담한, 뒤틀린, 망연자실한, 불만족한, 서운한, 섭섭한, 실망한, 심통 나는, 야속한, 원망스러운, 좌절한, 거슬리는, 못마땅한

불안정한
불편한, 산만한, 찜찜한, 동요되는, 마음이 편치 않은, 망설이는, 아리송한, 안심이 안 되는, 신경 쓰이는, 불안정한, 미심쩍은, 어리둥절한, 얼떨떨한, 주저하는, 의아한, 의심스러운, 안절부절못하는, 어쩔 줄 모르는, 미칠 것 같은, 혼란스러운

부러움
샘나는, 애타는, 간절한, 못 견디는, 부러운, 안달하는, 질투 나는

혐오감
싫어하는, 증오스러운, 구역질나는, 피하고 싶은

경멸
비판적인, 거부적인, 무례한, 씁쓸한

유쾌한 정서

고양, 흥분
설레는, 들뜬, 날아갈 것 같은, 벅찬, 가슴이 터질 것 같은, 신이나는, 각성한, 고양된, 기쁨에 넘치는, 뛸 듯이 기쁜, 만끽하는, 매혹된, 야릇한, 열렬한, 자극받은, 열정적인, 우쭐한, 짜릿한, 통쾌한, 황홀한, 흥분되는, 환희에 찬, 하늘로 붕뜨는 것 같은

즐거움, 유쾌
기쁜, 기분 좋은, 반가운, 상쾌한, 유쾌한, 재미있는, 좋은, 즐거운, 흥겨운, 명랑한, 쾌활한

만족, 행복
만족스러운, 충족된, 행복한, 흐뭇한 흔쾌한, 흡족한, 흥겨운, 마음에 드는, 충만한

편안함
이완된, 잔잔한, 진정된, 차분한, 고요한, 긴장이 풀린, 마음이 놓이는, 맑은, 안도하는, 안락한, 안심되는, 안정된, 유유자적하는, 침착한, 편안한, 평온한, 평화로운, 한가로운, 포근한

사랑스러움
다정한, 따뜻한, 마음이 끌리는, 마음이 통하는, 애틋한, 사랑을 느끼는, 사랑이 넘치는, 애정을 느끼는, 애착이 가는

자비심
동정심을 느끼는, 마음이 쓰이는, 온화한, 자애로운, 푸근한, 친근한

감동
찡한, 가슴 뭉클한, 감격한, 감동적인, 감사하는, 고마운, 깜짝 놀란, 놀라운, 신기한, 경이로운

활력
밝은, 생기 있는, 발랄한, 기운찬, 기운이 나는, 신선한, 살아있는, 상쾌한, 생생한, 되살아난, 열의가 생기는, 쾌활한, 의욕이 넘치는, 활기가 넘치는, 활기찬, 힘이 넘치는, 힘찬

자신감
뿌듯한, 당당한, 의기양양한, 긍지를 느끼는, 자랑스러운, 자부심을 느끼는, 자신 있는, 자신만만한, 확고한, 확신하는

희망
기대하는, 낙관하는, 기운을 내는, 용기를 얻은, 자신감을 얻은, 희망을 느끼는, 가슴 벅찬

흥미
재미있는, 관심이 가는, 궁금한, 흥미로운, 홀린, 넋이 빠진, 도취한, 마음을 뺏긴, 매료된, 몰두하는, 열심인, 열중하는, 열렬한, 몰입하는, 무아지경인

출처 : 정서조절 코칭북-이지영

자기개방하기

자기개방(self-disclosure)은 자신에 관한 정보를 상대방과 나누는 것이다. 즉, 자신에 관한 개인적 정보나 경험을 상대방에게 말해주는 것이다.

자기개방이 주는 장점은 첫째, 자신의 경험을 개방함으로써 상대방에게 모델링을 제공할 수 있다. 자기개방은 자신이 무엇을 해야 할지 모르는 이, 혹은 자기 자신에 대해 말하기를 주저하는 상대방에게 부드럽게 접근할 수 있는 방법이어서 초기의 관계형성에 유용하게 사용할 수 있다. 둘째, 목표설정과 행동실천에 필요한 새로운 시각을 개발하는데 도움을 준다. 셋째, 자기 개방을 통해 말하는 이에 대해서 좀더 인간적인 호감을 느끼게 하며 친밀감을 제공할 수 있다. 넷째, 자기개방을 통해 상대방의 문제가 혼자만의 경험이 아니라는 것을 알게 하여 안정감을 갖도록 도와줄 수 있다.

효과적인 자기개방의 원칙은 다음과 같다.

① 선택적이고 집중적으로 자기를 개방한다. 과도한 자기 이야기에 매몰되지 않아야 하고 상대방의 관점에서 이루어져야한다.

② 상대방에게 부담을 주지 말아야 한다. 새로운 조망을 할 수 있는 대안 행동 차원에서 하는 것이지 자신의 문제를 같이 나누는 것이 아니다.

③ 자기 개방을 너무 자주 하지 않도록 한다. 너무 자주하게 되면 상대방과 객관적인 관계를 사적인 관계로 바꿀 수 있다.

질문기술

개방형 질문은 특정한 답을 요구하기 보다는 자유롭고 폭넓은 답변이 여지를 주며 스스로 답을 선택하도록 도와주는 형태이다. 반면에 폐쇄형 질문은 질문의 범위가 좁고 한정되어 있으며 예/아니요 혹은 단답형 반응을 얻는다.

질문이 필요한 시기

① 내담자의 말을 들을 수 없었거나 이해할 수 없을 때

예) 그 사람에 대해 물어보신 내용을 잘 못 들었어요. 다시 이야기해 줄 수 있어요?

② 내담자가 상담자의 말을 이해했는지 알아볼 때

예) 이 부분은 제가 그다지 명확하게 이야기하지 못한 것은 아닌지요? 당신은 어떤 의미로 들었습니까?

③ 내담자가 지금까지 표현해 온 생각이나 감정을 보다 명확하게 탐색하도록 할 때

예) 부인은 여러 사람이 그렇다고 말했는데, 그게 무슨 뜻인지요?

④ 내담자를 보다 충분히 이해하기 위해 상담자가 자세한 정보가 필요할 때

예) 잠깐만… 당신이 그때 교수님과 어떤 면담을 했는지 궁금합니다.

⑤ 더 하고 싶은 말이 있는데도 말을 계속하기 어려워하는 내담자를 격려할 때

예) 말씀을 안 하시는데 무슨 생각을 하시는지 궁금하군요.

질문 시 주의점

- **이중질문**

두 가지 중 한 가지를 선택하게 하는 질문으로서 내담자에게 선택의 부담을 안겨주고 자기 탐색의 폭을 제한한다.

- **'왜'로 시작하는 질문**

내담자에게 추궁당하는 느낌을 주고 잘못을 지적하거나 비난하는 시도로 받아들이기 쉽다.

- **질문공세**

이미 질문을 한 상황에서 그 질문에 대한 대답을 끝마치기도 전에 다른 질문을 연속적으로 던지는 것을 말한다.

4. 비폭력대화

의사소통에서 중요한 것은 전달이다. 전달이 제대로 이루어지기 위해서는 잘 말하고 잘 듣는 것이다. 최근 취업포털 '커리어'에서는 직장 부적응 요인에 대한 설문조사를 시행하였다. 설문에 응답한 58.4%의 직장인이 현재 직장에 적응하지 못하고 있다고 답변하였고, 원인으로는 1위(32.6%)가 직장 내 대인관계 문제였다. 대인관계의 문제는 소통이 되지 않기 때문이다.

신입과 상사, 동료 간의 소통이 부족한 현실임을 말해주고 있다. 소통은 직장 내에서만 어려운 것이 아니다. 가족과도 친구와도 전달이 잘 되지 않을 땐 어디서나 힘들다. 따라서 서로에게 상처 없는 대화 비폭력 대화를 통해 잘 소통할 수 있는 법을 배울 수 있도록 훈련하는 것이 요구된다. 비폭력 대화에서 사용하는 NVC(Nonviolent Communication)모델 4단계는 1단계 관찰, 2단계 느낌 표현 3단계 욕구 찾기 4단계 부탁하기이다.

NVC 모델

관찰

- 실제로 일어나고 있는 것을 있는 그대로 관찰
- 판단이나 평가를 내리지 않으면서 관찰한 바를 구체적으로 말하는 것

느낌

- 그 행동을 보았을 때 어떻게 느끼는 가를 말하는 것
- 기쁘고, 즐겁고, 두렵고, 짜증나는 등의 느낌 표현

욕구(필요)

- 자신이 알아차린 느낌이 내면의 어떠한 욕구와 연결되는지 파악
- NVC로 마음을 정확하고 솔직히 표현하여 원하는 것을 찾음

부탁

- 삶을 풍요롭게 하기 위해 구체적인 행동을 부탁

1단계에서는 대화하기 전 관찰하기를 통해 생각하고 말 할 수 있도록 한다. 2단계에서는 관찰한 것에 대한 느낌을 표현하고 3단계에서 자신의 욕

구(필요)를 찾아내어 정확하게 내가 원하는 것이 무엇인지 전달할 수 있도록 한다.〈참고 비폭력 대화. 마셜 B. 로젠버그〉

비폭력 대화(Nonviolent Communication)란 우리 마음 안에서 폭력이 가라앉고 자연스럽게 본성인 연민으로 돌아간 상태를 가리켜 말하는 것이다. 우리는 종종 본의 아니게 자기 자신이나 다른 사람에게 상처를 입히고 마음을 아프게 한다. 이렇듯 서로에게 상처를 주지 않고 힘든 상황에서도 인간성을 우지 할 수 있는 능력을 키워주는 대화 방법을 비폭력 대화(NVC)라 한다. 비폭력대화에서 가르치는 기린언어는 '이해의 언어', '조화의 언어'를 뜻한다. 육상 동물 중 기린은 심장이 가장 크고, 목이 길어 삶의 넓고 큰 면을 볼 수 있다. 이에 비폭력 대화에서 기린언어는 통찰과 큰 심장, 생각과 느낌이 합쳐져 조화를 이루는 대화를 말한다. 더불어 기린언어를 사용하는 사람은 욕구를 충족하는 방법에 여러 가지가 있다는 것을 알고 있다. 그래서 자기가 처한 상황을 솔직하게 표현하며, 자기가 원하는 것을 부탁하고, 다른 사람이 느끼고 필요로 하는 것을 들어주기 위해 위험이다.

	기린언어로 표현하기	기린 언어로 듣고 공감하기
관 찰	내가 보고 들은 것을 말한다. 내가 ~을 들을 때	나는 상대방이 보고 들을 것을 짐작해 본다. 네가 ~하는 것을 보았을/들었을 때
느 낌	내가 어떻게 느끼는지 말한다. 나는 ~느낀다.	나는 상대방의 느낌을 짐작해 본다. 넌 ~을 느끼니?
필 요	나에게 필요한 것을 말한다. 나는 ~가 필요하기 때문에	나는 상대방의 욕구를 짐작해 본다. 넌 ~가 필요하기 때문이니?
부 탁	나의 욕구를 충족하고 싶은 것을 부탁 나는 네가 ~을 해주면 좋겠어.	어떻게 하면 상대의 욕구를 충족시킬 수 있을지 짐작해 본다. 넌 지금 ~을 원하니?

5. 상담자의 자질

상담자의 지혜

성격

상담자는 내담자에게 호감을 주는 성격이어야 한다. 경직되지 않는 유연성과 안정성, 호기심과 창의성 유머감각이 있어야 하며 상황파악을 잘 할 수 있는 민감성이 있어야 한다. 자발성과 인내성이 중요하다

윤리적 책임감

상담자는 정직하며 편견이 없는 객관성을 유지해야 한다. 내담자를 위해 다른 전문가에게 기꺼이 의뢰할 수 있어야 하며 내담자를 기꺼이 도우려는 의지가 있어야 한다.

태도

상담자는 매사에 진지한 태도를 보이고 내담자에게 신뢰감을 심어줄 수 있어야 한다. 삶에 대한 긍정적 태도와 폭넓은 견해를 갖는 것이 중요하다. 상담자는 겸손하고 훌륭한 관찰자의 태도를 가져야 하며 자신을 긍정적으로 평가하는 태도를 보여야 한다.

경험에 근거한 지식

상담자는 경험을 통해 얻은 보편적 지식을 가지고 지식과 경험을 통합할 능력을 가진다. 상담자의 직관과 통찰력도 중요하다.

인지적 지식과 지적 기술

상담자는 지적 능력과 기술을 갖고 논리적 사고를 할 수 있어야 한다. 전문적 지식을 갖고 적절한 질문을 할 줄 알아야 하며 평가와 진단을 위한 훌륭한 판단력을 갖는 것이 필요하다.

훈련

상담자는 전문적 훈련을 받고 참여하는 것이 필요하다.

인간관계 스타일

상담자의 인간관계는 신뢰가 있어야 한다. 상담자는 훌륭한 경청자이며 의사소통 기술이 좋아야 한다. 특히 내담자를 공감해 주는 것이 중요하다. 상담자는 다양한 사람들과 원만한 인간관계를 유지하는 것이 중요하다.

인간 차이에 대한 이해

상담자는 사람들이 갖는 가치관의 차이에 대해 이해할 수 있어야 한다. 더불어 성과 인종 종교 및 문화의 차에 대한 이해가 필요하다

인간성에 대한 이해

상담자는 인간의 고통에 대해 이해할 수 있어야 한다. 상담자는 내담자의 한계와 상담자 자신의 한계를 이해하는 것이 중요하다.

이러한 영역에 따라 자신에게 혹은 주변의 사람들에게 자신에 대한 평가를 질문 해보면서 자각을 확장하는 것이 필요하다.

상담자로서 나의 성격은 어떠한가?

상담자로서 나의 윤리적 책임감은 어떠한가?

상담자로서 삶에 대한 나의 태도는 어떠한가?

상담자로서 나의 인지적 지식이나 지적 기술은 어떠한가?

상담자로서 나는 경험에 근거한 다양한 지식을 갖추었는가?

상담자로서 적절한 훈련이나 교육을 받았는가?

상담자로서 나는 바람직한 인간관계 스타일을 유지하고 있는가?

상담자로서 나는 문화적 차이를 어떻게 이해할 수 있는가?
(문화적 다양성에 대한 민감성)

상담자로서 나는 인간성에 대한 이해는 어떠한가?

효과적인 조력자의 특징

효과적인 상담자의 특성은 오랫동안 가장 인기 있는 연구 주제가 되어 왔다. 지금까지 밝혀진 효과적인 조력자의 특성은 다음과 같다.(Patterson & Welfel, 2000, pp. 10-14; Welfel &, Patterson, 2005,pp. 13-18)

- 효과적인 상담자는 내담자에게 다가갈 수 있는 능숙한 대인관계 기술을 가진다.
- 효과적인 상담자는 내담자에게 진실감, 신뢰감, 자신감을 야기한다.

- 효과적인 상담자는 내담자를 돌보고 존경한다.
- 효과적인 상담자는 타인 이해뿐만 아니라 자기 이해를 바탕으로 성숙된 삶을 영위한다.
- 효과적인 상담자는 내담자와의 갈등을 효과적으로 처리한다.
- 효과적인 상담자는 가치 판단을 강요함이 없이 내담자의 행동을 이해하려고 한다.
- 효과적인 상담자는 내담자의 자기파괴 행동 패턴을 확인할 수 있고 그러한 자기파괴 행동을 보다 보상적인 행동패턴으로 변화하도록 조력할 수 있다
- 효과적인 상담자는 내담자에게 특별한 가치가 있을 어떤 영역에 있어 전문적인 지식과 경험을 갖는다.
- 효과적인 상담자는 체계적으로 추리하고 체계에 의해 생각할 수 있다.
- 효과적인 상담자는 문화에 대한 능숙한 지식을 가진다. 즉, 그는 사람들이 생활하는 사회적, 문화적, 정치적 맥락을 이해할 수 있다.
- 효과적인 상담자는 자신을 좋아하고 존중하며 자신의 욕구를 만족시키기 위해 내담자를 이용하지 않는다.
- 효과적인 상담자는 인간행동의 심층적 이해를 발달시킨다.
- 효과적인 상담자는 바람직한 인간 모델을 가진다.

상담자의 돌봄

상담자는 상담을 통해 내담자를 돌본다. 상담자는 진정한 돌봄(caring)의 의미가 무엇인지를 분명하게 이해하는 게 필요하다.

메이어오프(Mayeroff, 1990)는 돌봄의 정의를 '돌보는 대상이 성숙하고 자기실현 하도록 돕는 것' 이라고 하였다.

- 메이어오프가 제안한 다른 사람의 성숙과 실현을 돕기 위한 돌봄이 주요 구성요소

지식

자신의 장단점을 포함한 자신의 이해가 필요하다. 돌봄이 필요한 사람이 누구인지, 힘과 제한점은 무엇이고, 욕구는 어떤 것이고, 무엇이 그의 성장에 도움이 되는지를 알아야만 한다. 이러한 지식은 일반적이기도 하고 구체적이기도 하다.

리듬의 변화

상담자가 가져야 할 유연성과 관련된다. 내담자에게 전적으로 많은 시간을 투자하여 돌보는 경우도 있지만, 멀리서 관심을 가지고 지켜보는 것도 훌륭한 돌봄이 될 수 있다. 보다 폭넓은 연관성 속에서 특정한 행위를 살피고, 방향, 장기적인 효과와 경향을 확인해야 할 때가 있다

인내

인내는 돌봄의 중요한 구성요소이다. 인내는 어떤 것이 일어나기를 바라는 수동적인 기다림이 아니라 우리 자신을 헌신적으로 바쳐서 다른 사람과

함께 하는 것이다. 마음이 심란한 사람에게 인내하면서 관심을 갖고 경청을 잘 해 주는 것이 중요하다. 상담자는 내담자뿐만 아니라 자신에 대한 인내를 가져야 한다.

정직성

상담자는 가식이나 위선을 버리고 내담자를 솔직하게 대하는 것을 말한다. 상담자는 내담자를 돌보기 위해서는 그를 있는 그대로 보려고 해야 한다. 상담자가 보고자 하는 것만 보거나 그래야 한다고 느끼는 것으로 보아서는 안된다.

신뢰

상담자는 내담자가 적절한 시기에 그 자신의 방식대로 성장할 것이라고 믿는 것이 중요하다. 상담자는 내담자를 믿는 것 외에도 자신의 능력을 믿어야 한다.

겸손

겸손은 자신의 특정한 돌봄이 특권을 가지는 것이 아니라는 것을 인식하는 것과 관련된다.

희망

아무리 어렵고 무기력한 상태라 할지라도 그러한 상태를 벗어날 수 있다는 하나의 믿음이 희망이다. 상담자는 이러한 희망의 믿음을 갖고 어려움에 처한 내담자에게 희망을 심어주는 노력이 필요하다.

용기

상담자는 뜻대로 일이 잘 되지 않을 때 좌절감에 빠질 수 있다. 상담자는 아무리 어려운 상황이라 하더라도 마음속에 자신감을 갖고 부딪칠 수 있는 용기가 필요하다.

10장

사회심리

1. 사회심리학의 정의

사회심리학이란 어떤 식으로든 타인이 개입되어 있는 사회적 상황에서의 개인의 사고, 감정 및 행동을 연구하는 과학이다. 사회적 현상을 이해하기 위한 여러 접근들로 사회학에서는 사회구조나 정부시책과 같은 일반적인 사회적 원인을 강조하고, 성격심리학에서는 개인의 특징이나 내력 등 개인차 요인에 주목한다.

2. 사회적 지각

열길 물속은 알아도 한 길 사람 속은 모른다고 하지만 사람들은 끊임없이 타인에게 호기심을 가지고 그를 알고자 노력하고 있다. 이는 인간의 기본적 욕구 중의 하나로서 안전하고 여유로운 생활을 하는데 중요한 문제이기도 하다. 사람들이 타인을 이해하는 과정을 다루는 분야가 사회적 지각이며 구체적으로는 타인을 전반적으로 평가하는 인상형성, 타인에 관한 정보처리과정을 분석하는 사회적 인지 및 행동의 원인을 추론하는 귀인의 문제를 다룬다.

인상의 형성

우리는 두세 시간의 짧은 미팅 후에도 나름대로 확신을 가지고 상대에 대한 분명한 인상을 형성한다. 짧은 만남으로 어떻게 상대에 대한 확고한 결론에 이르게 되는가? 그 추론은 얼마나 정확한가?

인상정보의 추론

일반적으로는 사람들은 타인의 외모나 행동을 통해서 그의 성격이나 기타 특성들을 추론한다. 소수의 피상적인 인상정보를 바탕으로 다수의 미확인 정보들을 추리해내고, 이들을 통합하여 전반적인 인상을 형성한다. 인상정보의 추론은 도식(schema)에 크게 의존하는데 도식이란 어떤 대상이나 개념에 관한 조직화되고 구조화된 신념들로 인상형성에 큰 영향을 미치는 도식으로는 고정관념과 내현성격이론을 들 수 있다.

고정관념(stereotype)

어떤 집단이나 사회적 범주 구성원들의 전형적 특성에 관한 신념

내현성격이론(implicit personality theory)

성격특성들 간의 관련성에 관한 개인의 신념

인상 형성 시에 나타나는 편파

인상정보와 추론과 통합은 신속하고 자동적인 과정이기 때문에 다음과 같은 여러 가지 오류와 왜곡이 발생한다.

후광효과(halo effect)

하나를 보면 열을 안다는 속담처럼 사람들은 타인을 내적으로 일관되게 평가하려는 경향이 있는데 이를 후광효과라고 한다. 어떤 사원의 단정한 외모를 좋게 본 상사는 그 사원이 예의바르고, 성격도 좋으며, 능력도 뛰어날 것으로 추론하게 된다. 나아가서 일관성이 없는 정보를 발견하게 되면, 일관성을 회복하기 위해서 정보를 왜곡하기도 한다.

긍정성 편향(positivity bias)

사람들은 타인을 대체로 좋게 평가하려는 경향이 강한다. 즉 타인에 관한 부정적 평가보다는 긍정적 평가가 더 우세한 경향을 긍정성 편향 또는 관용효과라고 한다.

부정성 효과(negativity effect)

인상 형성시 긍정적 특성보다는 부정적 특성이 더 큰 영향을 미치는 경향을 부정성 효과라고 한다. 이는 결과적으로 부정적 인상은 긍정적 인상보다 변화되기가 더 어렵다는 것을 의미한다. 인기절정의 연예인도 추문에 휘말리면 대중은 금방 반감을 갖게 되고 인기를 다시 만회하기는 거의 불가능한 경우를 자주 보아왔다.

귀인

귀인(attribution)이란 사람의 행동이나 사건에 대한 원인을 찾는 과정을 말한다. 사람들은 일상에서 발생하는 모든 일에 대하여 그 원인을 찾지는 않는다. 평범하고 예측가능한 일에 대해서는 원인을 찾고자 하지 않는 반면 어떤 기대에 미치지 못했거나 특이한 일이 일어났을 때 혹은 고통스럽거나 불쾌한 사건이 발생하였을 때 사람들은 "왜" 라는 질문을 하게 된다. 예를 들어 열심히 공부했는데도 불구하고 성적이 나쁘게 나왔을 때, 사람들은 왜 그런지 그 원인을 찾고자 한다. 귀인은 몇 가지 측면에서 중요한 기능을 한다. 우선, 귀인은 환경을 예측하고 통제하는데 도움을 준다. 긍정적 사건보다도 부정적이거나 기대에 못 미친 사건에 대해서 귀인을 하는 이유는 원인 규명을 통해 앞으로 그러한 사건을 피하거나 예방하고자 하기 때문이다. 또한 귀인은 우리의 감정, 태도 및 행동을 결정하는 역할을 한다. 예를 들어, 교통법규를 위반한 운전자에 대해서 급한 일이 생겨서 어쩔 수 없이 그랬을 것이라고 생각할 때와 상습적으로 위반하는 사람이라고 생각할 때 그에 대한 우리의 행동은 다를 것이다. 마지막으로 과거의 수행에 대한 귀인은 미래의 수행에 영향을 준다. 예를 들어 수학 과목에서 낙제가 나쁜 운보다는 자신의 노력 부족이라고 생각할 때, 앞으로 성취를 위해 더 노력할 가능성이 높다.

어떤 행동에 대한 소재 차원은 특정 행위의 원인을 행위자의 내적인 요인에서 찾을 것인지 아니면 외부의 요인에서 찾을 것인지의 문제다. 내적인 요인에는 행위자의 기분, 태도, 성격, 능력, 건강, 욕구 등이 있고, 외적인 요인에는 타인의 압력, 금전, 사회적 상황, 날씨 등이 있다.

둘째, 안정성 차원은 행위의 원인이 시간적 측면에서 안정적인지 아니면 불안정한지의 문제다. 예를 들어, 내적인 원인 중에서 능력이나 성격은 잘 변화지 않는 안정적인 차원이지만, 노력이나 기분과 같은 요인은 잘 변하는 요인이다. 외적인 요인 중에서 규칙이나 사회적 역할 등은 안정적인 요인이지만, 운이나 날씨 등은 가변적인 요인이다.

셋째, 통제 가능성 차원은 어떤 원인을 개인이 통제할 수 있는지 혹은 없는지의 문제다. 예를 들어. 능력과 같은 원인은 통제 불가능하지만 노력은 통제 가능하다.

귀인에서의 편향

사람들이 다른 이들의 행동을 관찰하거나 추리할 때 합리적이고 체계적으로 판단할 것이라고 기대하지만 그렇지 못한 경우가 많다. 경험적인 연구들을 보면, 귀인에서의 지속적인 편향이 존재한다.

기본적 귀인오류(fundamental attribution error)

다른 사람의 행동을 판단할 때 상황적인 요인을 고려하지만, 필요한 만큼 고려하지는 않는다. 즉, 외부 상황의 역할을 과소평가하면서 그들의 행동을 성향에 귀인하는 강한 편향이 있는 것 같다. 이처럼 행동을 판단할 때 상황적 혹은 외적인 요인을 과소평가하고 성향적 혹은 내적 요인을 과대평가하는 경향을 기본적 귀인오류라 한다.(Ross, 1977) 예를 들어 한 식당에서 어떤 사람이 종업원에게 화를 내는 장면을 목격하였을 때, 우리는 그 사람이 매우 다혈질적이기 때문에 화를 냈다고 판단하면서 종업원이 불친절했거나 주문한 음식이 지나치게 늦게 나왔을 가능성은 고려하지 않는다.

행위자-관찰자 효과(actor-observer effect)

우리는 또한 다른 사람의 행동을 성향적인 요인에 귀인하는 반면, 자신의 행동은 상황적인 요인에 귀인하는 경향이 있는데, 이것을 행위자-관찰자 편향이라고 한다(Jones & Nisbett, 1972). 예를 들어 다른 사람이 특정 과목에서 좋은 성적을 받지 못했을 경우, 우리는 그가 무능하거나 성실하지 않기 때문이라고 생각하는 반면, 자신이 그랬을 경우 시험이 너무 어렵거나 터무니없기 때문이라고 생각하는 경향이 있다. 이러한 경향성에 대한 하나의 설명으로, 관찰자와 달리 행위자는 자신의 행동이 상황에 따라 어떻게 달라지는지를 잘 알고 있기 때문에, 자신의 행동을 안정적인 내적 특성보다는 각각의 특수한 상황적 요인에 귀인하기 때문이다.

자기 고양편향(self-serving bias)

자기고양편향이란 성공은 자기 공적이고, 실패는 다른 사람이나 상황의 탓이라고 보는 귀인 편향을 말한다. 사람들은 자신의 자존감을 높이고 유지하려는 동기가 매우 강하며, 이런 자존감의 동기가 귀인과정에서 편파적인 작용을 하게 된다. 자아고양편향 현상을 잘 나타내는 우리나 속담이 '잘되면 제 탓, 못되면 조상 탓' 이다.

3. 사회적 관계

인간은 생존에 필요한 자원 획득과 외부적 위해와 공격으로부터 안전을 확보하기 위해 자유의 제한이라는 큰 비용을 치르면서 집단 속에서 살아가게 된다. 집단 속에 살게 되면 의도적이든 비의도적이든 사람들과 인간관계를 맺게 된다. 이런 인간관계의 주요 대상은 자신의 유전자를 물려줄 배우자를 선택하거나, 일생의 즐거움과 괴로움을 함께 나눌 친구를 찾거나 과업을 달성하는데 필요한 동업자를 구하는 등 다양하다. 하지만 인간은 아무하고나 이런 친밀한 인간관계를 맺지 않는다. 여러 사람 중에 마음이 끌리는 사람을 선택하여 그들과 이런 관계를 맺게 된다.

매력

어떤 사람이 마음을 끌고, 어떤 상황이 마음을 더 끌리게 만드는가와 관련된 요인은 여러 가지가 있겠지만 대략, 상황적요인, 신체적 요인, 심리적 요인으로 정리할 수 있다.

근접성

사람들 간의 매력을 결정짓는 요인은 크게 환경적 요인과 개인적인 요인으로 나눌 수 있다. 먼저, 환경적 요인으로 물리적 근접성을 들 수 있다. 말하자면 사람들 간의 물리적 근접성이라는 것이 인간관계 형성의 가장 기본적인 조건을 제공해 준다. 물리적 근접은 매력을 갖게 만드는 다른 부수적인 조건을 수반한다. 그중 한 가지가 친숙성이다. 사람은 낯선 자극 보다는 친숙한 자극에 더 호감을 느낀다. 접촉하는 횟수가 많아질수록 호감도가 증가하는 경향을 단순접촉 효과라고 하는데 사물이든 사람이든 접촉을 자주 하는 단순한 작용이 그 대상에 대한 호감도를 증가시킨다.

신체적 매력

대인간 매력을 결정하는 개인적인 요인으로 가장 강력한 요인 중의 하나가 신체적 매력이다. 이성관계에서 신체적 매력의 효과는 남녀 모두에게 나타난다. 그래서 서로 모르는 남녀 대학생들을 임의적으로 쌍으로 정해서 서로에 대한 호감을 평가할 때도, 상대방의 신체적 매력이 서로를 좋아하게 만드는 주요한 요인으로 작용한다. 여성은 남성의 외모가 중요하지 않다고 언급할 가능성이 높지만, 실제로는 그들의 행동에 남성의 외모가 여전히 영향을 미친다. 훌륭한 외모는 이성관계에서만 유리한 것이 아니다. 잘 생긴 사람들에 대해서 사람들은 그들이 다른 면에서도 좋은 점을 갖고 있다고 보는 경향이 있다. 예를 들어 잘생긴 사람은 친절하고, 예의도 바르고, 사교적이며, 지능도 높고, 여러 면에서 유능하리라고 본다는 것이다. 후광효과(halo effect)를 얻게 된다. 그러나 실제 신체적 매력은 지능, 재능, 혹은 능력과 거의 아무런 상관이 없다(Feingold, 1992). 그럼에도 불구하고, 아동기 때부터 주변으로부터 긍정적인 피드백을 받음으로써, 매력적인 사람은 자기효능감도 더 높고, 사회적으로도 더 능숙하고 적응적이며, 이성과의 관계에서도 더 유능하다(Barron & Byrne, 2001).

유사성

다른 개인적인 요인으로 유사성이 있다. 유사성이란 배경, 나이, 흥미, 태도, 신념 등에서 서로 얼마나 비슷한가를 지칭한다. 대인 매력에서 가장 강력한 유사성 중의 하나가 태도의 유사성이다. 가령, 정치적 입장이 다를 때보다는 유사할 때, 두 사람이 서로를 좋아할 가능성이 훨씬 높다. 이처럼 태도 유사성이 매력을 증가시키는 한 이유는 동일한 의견을 가진 다른 사람이 자신의 의견을 지지해 주고 옳은 것으로 인정해 주기 때문이다.

호감의 법칙

신체의 매력에 끌린다.

잘생긴 사람에 대하여 우리는 거의 무의식적인, 그리고 자동적인 반응의 형태를 띤다. 이러한 반응에서 얻어지는 효과를 '후광효과'라고 한다. 다시 말해 어떤 사람의 긍정적인 특성 하나가 그 사람의 전체를 평가하는데 결정적인 영향을 미친다는 이론이다.

사례 : TV CF를 보면 빅모델을 이용하여 제품을 광고하는 CF를 볼 수 있다. 자신에게 꼭 필요한 물건이 아닌데도 모델을 보고 호감에 의해 제품을 구입할 때가 있다. 소비자 입장에서는 모델에 현혹되지 않아야 하겠고, 광고인의 입장에서는 적절한 모델을 이용해야 할 것이다.

사소한 공통점에도 호감을 갖는다.

신체적 매력의 중요성에도 불구하고, 대부분의 사람들은 평범하다. 우리가 신체적 매력을 사용할 수 없을 때 사용할 수 있는 대안이 바로 '유사성의 요소'이다. 유사성의 효과는 의견, 성격, 가정환경, 생활양식 등 다양한 영역에서 공통적으로 적용되고 있다.

사례 : 처음 소개팅 자리에서 만나는 사람과는 무슨 말을 해도 어색할 수밖에 없다. 하지만 잠깐의 대화로 취미가 같다던가, 좋아하는 드라마나, 책, 영화가 있다면 그때부터 상대방에게 호감을 가지게 되고, 그 다음에 다시 한 번 만나보고 싶은 마음이 들게 된다.

칭찬해주는 사람을 좋아한다.

상대방이 우리를 칭찬하는 이유가 우리의 행동을 조작하기 위함이 확실할 때를 제외하고, 일반적으로 우리는 우리를 칭찬하는 말을 진실이라고 믿는 경향이 있으며, 칭찬이 사탕발림이라도 그러한 말을 사람들은 좋아한다. 즉, 의도적인 칭찬도 칭찬 자에 대한 호의적인 반응을 도출한다.

사례 : 옷을 사기 위해서 매장에 들르게 되면 점원이 따라와 여러 가지 옷들을 소개해준다. 이 때 몇 가지의 옷을 가지고 살까 말까 망설이고 있다면 점원은 "손님, 이 옷이 더 잘 어울리세요. 손님 얼굴에는 이 색이 더 잘 받아요."라고 말하면서 한 가지 옷을 추천해준다. 그 옷이 별 마음이 없더라도 더 잘 어울린다는 칭찬에 그 옷을 선택하고 만다.

사랑

로버트 스턴버그(Robert Sternberg, 1986)는 『사랑은 어떻게 시작하여 사라지는가(Cupid's Arrow: The course of Love through Time)』라는 책에서 사랑의 세 가지 요소로 친밀감, 열정, 헌신을 설명하고 있다. 이는 사랑의 삼각형을 이루는 3요소에 해당된다. 첫 번째 요소인 친밀감(intimacy)은 사랑하는 사람과 함께 있으면 행복감이나 결속감등을 느끼는 것이다. 이는 사랑하는 사람과 함께 있으면 행복감을 느끼고, 힘들고 위급할 때 서로 의지할 수 있으며, 상대방을 이해하고 있다고 느끼고 또 자신 역시 상대방에게 이해받고 있다고 느끼는 것, 마음을 터놓고 깊이 있는 의사소통을 할 수 있는 것, 상대방을 자신의 인생에서 중요한 사람이라고 인식하는 것 등과 관련된다. 이러한 친밀감은 물리적으로 근접하여 빈번하고 다양한 접촉을 하는 것, 그리고 그 접촉에서 두 사람 사이의 생각과 행동의 유사성을 확인하고 상대방이 나에게는 없는 특성을 지니고 있어 서로 보완할 수 있는 상호작용을 바탕으로 형성된다. 두 번째 요소인 열정(passion)은 상대방과 하나가 되고 싶은 욕구라고 할 수 있다. 상대방을 향한 지배, 복종 요구나 소유욕, 성 행동을 하고 싶어 하는 욕구 등이 이에 해당된다. 앉으나 서나, 자나 깨나 당신 생각밖에 할 수 없다는 것은 열정 상태를 잘 표현해 주는 말이다. 세 번째 요소인 헌신(commitment)은 사랑의 유지에 관한 것이다. 사랑의 요소인 헌신에는 결정이라는 요소가 선행되는 경우가 많다. 즉 상대방을 사랑하기로 결정을 내리고 난 다음에 그 사랑을 장기적으로 유지하려고 노력하게 되는 것이다. 또한 헌신은 친밀감과 열정의 결과인 경우도 많다. 반대로 사랑에 대한 결정과 헌신이 친밀감과 열정을 불러오는 경우도 있다.

사랑의 유형

존 앨런 리(John Allen Lee, 1974)는 인간들이 친밀한 관계를 형성하는 스타일에 따라서 여섯 가지 형태의 사랑이 있다고 주장했다.

낭만적사랑(Romantic love, eros)

신체적인 미를 강조하고, 상대방과의 스킨십이나 감각적인 쾌감을 강조한다.

유희적 사랑(Game-playing love, ludus)

한마디로 플레이보이 같은 바람기 있는 관계를 말한다. 즉, 상대방에 대한 깊은 관계에는 별로 관심이 없고 가능한 한 많은 사람을 사귀고 헤어지는 사랑을 말한다. 사랑은 단지 둘이서 즐기고 헤어지는 것이라는 것에 초점을 둔다.

소유적인 사랑(Possessive love, mania)

상대방을 소유하고 집착하는 사랑의 형태다. 대체로 질투로 얼룩진 사랑을 한다. 상대방을 소유하려고 하기에 감정의 기복이 심하고 사랑했다가 싸우고 다시 화해하는 관계가 지속된다.

열정적 사랑(Compassionate love, storge)

상대방에 대한 사랑의 감정이 서서히 발전하지만 지속적으로 안정된 관계를 유지한다. 이러한 사랑은 친구 같은 감정에서 시작해서 서서히 발전해 나가는 형태의 사랑으로 시간이 지나감에 따라서 애정과 사랑으로 발전해 나간다.

희생적 사랑(Altruistic love, agape)

상대방에게 기대하는 것 없이 상대방을 위해 자기를 희생하는 사랑이다. 이러한 사랑은 오래 참으면서 질투나 탐내는 것이 없다.

실용적 사랑(Pragmatic love, pragma)

서로가 합리적이고 이성적인 면에 초점을 두면서 하는 사랑이다. 서로가 서루에게 만족시켜 주면서 주고받는 것이 균형을 이룬다. 서루가 비슷한 관심을 가지면서 서로의 위치를 최대한 활용해서 서로에게 현실적인 만족을 추구한다.

사랑의 의미가 다양하기 때문에 리(Lee, 1974)는 남녀가 서로 사랑을 말하면서 같은 의미로 대화하거나 서로 통하면 그 관계가 지속될 수 있지만, 서로가 다른 의미의 사랑을 말하면서 관계를 유지하려고 한다면 그 관계는 오래 지속될 수 없다고 주장하였다.

4. 사회적 영향

태도변화

사람들의 태도를 변화시키기 위해서 주로 사용되는 방식은 설득이다. 효과적으로 설득하려면 다음의 요인을 고려해야 한다. 첫째, 설득 정보를 전하는 사람이 정보의 효과성에 큰 영향을 미친다. 즉, 설득자가 매력적이거나 전문성과 신뢰성을 가진 인물이라면 보다 효과적으로 설득될 가능성이 높다. 둘째, 설득 정보가 어떤 종류의 정보인가가 태도 변화에 영향을 줄 수 있다. 설득 대상자들이 설득 정보에 대해 이미 호의적이라면 일방적으로 설득자가 설득 정보를 제공하는 것이 효과적인 반면, 설득 정보가 불명확해 보이는 것이라면 설득자와 설득 대상자 간에 양방향으로 설득 정보가 제공되는 것이 효과적이다. 셋째, 일단 설득 정보가 전달되었다면 설득 대상자의 특성이 설득 여부를 결정하게 된다. 예를 들어, 설득 대상자가 지적이라면 설득 정보를 더 잘 이해하고 기억할 수 있기 때문에 설득이 촉진될 수 있다.

동조

동조(confirmity)란 다른 사람들의 신념이나 기준에 따르려는 욕구에 의해 일어나는 행동이나 태도 변화를 의미한다. 동조 압력을 증명하는 일련의 실험은 애시(Ashe, 1951)에 의해서 수행되었다. 그는 실험 참가자에게 기준이 되는 선분과 길이가 동일하다고 생각되는 선분을 세 개의 선분이 제시된 카드에서 찾도록 지시하였다. 이러한 실험은 비교적 분명한 대답을 할 수 있어 참가자에게는 쉬운 과제로 보였다. 실험 참가자는 여섯 명의 실험보조자와 함께 한 집단으로 구성되었으며, 가장 마지막에 반응하도록 좌석 배정을 받았다. 그러나 매우 이상한 일이 벌어지기 시작했다. 앞선 여섯 명의 실험보조자들이 모두 실험 참가자가 정답이라고 생각하는 답과는 다른 엉뚱한 답을 제시하기 시작한 것이다. 결국 실험 참가자는 자신이 정답이라고 생각하는 답을 말할지, 아니면 집단을 따라 다른 모든 사람이 제시한 답을 말할지의 딜레마에 빠지게 된다.

결과는 대다수의 실험 참가자가 다수에 의해 제시된 답에 동조하는 경향을 보이는 것으로 나타났다.

순종

동조는 일반적으로 사회압력이 직접적인 명령의 형태로 작용하지 않는 상황에서 나타나는 현상을 말한다. 그러나 어떤 상황에서는 훨씬 더 명백한 사회적 압력이 존재한다. 즉, 특별한 관점이나 행동방식을 택하도록 하는 직접적이면서 공공연한 압력이 존재하는 상황이 있다. 이처럼 직접적인 사회적 압력에 반응하여 나타나는 행동 유형을 순종(compliance)라고 한다.

문간에 발 들여놓기 전략(foot-in-the-door technique)

문간에 발 들여놓기 전략이란 사람들이 처음에 작은 요구에 동의하고 나면 나중에 보다 큰 요구에도 따르게 되는 경향을 의미하는 말이다. 한 연구에서 처음에 안전운전 캠페인에 서명하는 정도의 작은 요구에 동의한 사람들이 추후 자신들의 집 앞에 '운전 주의'라는 큰 표지판을 설치하는 큰 요구에 어떤 반응을 보일지 살펴보았다. 그 결과, 서명에 동의한 사람들은 55%가 표지판 설치에 동의한 것으로 나타났다. 이러한 효과가 나타나는 이유는 크게 두 가지이다. 하나는 작은 요구에 개입함으로써 그 사람이 그 화제에 대해 더욱 관여할 수 있고, 이로 인해 나중에 순종할 가능성이 커진다는 것이다. 다른 하나는 자기지각 이론에 기초한 것으로, 최초 요구에 순종함으로써 자신이 요청이 있을 때 도움을 주는 사람이라고 생각하게 되어 후에 더 큰 요구에 직면할지라도 태도와 행동의 일관성을 유지하기 위해서 순종하게 된다는 것이다.

얼굴부터 들이밀기 전략(door-in-the-face technique)

얼굴부터 들이밀기 전략이란 거절될 것으로 기대되는 큰 요구에 이어 보다 작은 요구가 뒤따랐을 때 작은 요구에 따르는 경향을 의미하는 말이다. 예를 들어, 한 방문객이 사회복지 기금을 모으기 위해서 기부금을 요청하면서 5만원을 요구했다면 대다수의 사람은 선뜻 기부금을 내지 않고 거절할 것이다. 그러나 거절 이후에 1000원만이라도 기부해 달라고 요청한다면 대부분의 사람이 기부금을 낼 가능성이 높다. 이러한 전략이 효과를 보이는 이유는 사람들이 다른 사람에게 더 잘 보이려는 욕구가 있기 때문이다. 처음에 거절한 것은 타당한 이유에서 그렇다고 이해할 수 있지만, 두 번째 작은 요청을 거절하는 것은 자신을 비협조적인 사람으로 느끼게 할 수 있기에 순종하는 것이다.

자기이해

자기이해

1. 자아 (혹은 자기)

우리 대부분은 '나는 어떤 사람이다'라는 인식을 가지고 있다. 예를 들어, 어떤 사람이 자신을 신체적으로 키가 크고, 성격적으로 온순하며, 사회적으로 특정 동호회에 가입한 사람으로 인식한다면, 이러한 자기에 대한 지식이나 신념을 통틀어서 자기개념(self-concept)이라고 한다.

자아의 구성요소

제임스(James, 1890)는 자아(self)의 구성요소를 세 가지로 분석하였다. 물리적 자아(material self)는 신체, 재산 등과 같이 물리적으로 이루어진 것들이다. 이러한 요소는 내가 누구인지를 가장 구체적으로 보여 주는 것으로 다른 사람들이 나를 인식하는데 가장 즉각적이고 직접적으로 영향을 미칠 수 있는 요소다. 사회적 자아(social self)는 다름 사람들이 나에 대해서 가지는 인상이나 평가들이다. 우리는 다른 사람들에게 좋은 인상을 주고 그들로부터 인정받고자 하는 욕구를 가지고 있기 때문에, 그들이 우리를 어떻게 평가하느냐에 따라 우리 자신의 자기개념도 달라진다. 마지막으로 정신적 자아(spiritual self)는 개인의 성격, 취향, 정서 등과 같이 주관적인 요소로 이루어져 있다. 이러한 정신적 자아는 세상에 대한 주관적인 이해의 기초가 되며 삶의 의미를 창조하는 근원이 된다. 제임스는 이 세 가지 자아 중에서 정신적 자아를 가장 중요한 것으로 보았다.

자아개념의 근원

쿨리(Cooley, 1902)는 우리의 자개개념이 사회적 상호작용을 통해 발달하고 삶의 과정을 통해 많은 변화를 겪는다고 본다. 또한 사람들은 다른 사람, 특히 중요한 타인이 자기에게 하는 행동을 통해서 자기 개념을 형성한다는 점을 '거울 속에 비친 자기(looking -glass self)' 라는 개념을 통해서 강조한다. 여기에서 거울이란 곧 자신에 대한 다른 사람의 행동인 셈이다. 말하자면 사람들은 다른 사람의 눈을 통해서 그리고 그들이 자기에게 보이는 반응을 통해서 자신을 알게 된다.

예를 들어, 부모나 교사들이 자기를 어떻게 지각하고 있다고 생각하느냐에 따라, 아동이 자신에 대한 인식을 바꿀 수 있다. 부모가 자기를 착한 사람으로 인식하고 있다고 생각하고 학교 교사는 자기를 성취 지향적으로 본다고 생각한다면, 아동은 이에 상응하는 방식으로 자기개념을 형성하게 된다.

자아(self)의 기능

자아는 자신과 관련된 정보를 처리하고 세상을 이해하려는 경향이 있다. 사람들은 자신과 관련된 정보에 훨씬 더 관여하고 더 민감하게 반응한다. 예를 들어 사람들은 시끄러운 교실에서도 선생님이 부르는 자기 이름을 다른 사람들의 이름보다 더 잘 알아듣는다. 또한 사람들은 자신과 관련해서 타인을 지각한다. 예를 들어 우리가 자신을 정직한 사람이라고 생각한다면, 다른 사람이 정직한지 그렇지 않은지에 대해서 주목하는 경향이 강하다. 그래서 타인의 특징이 자기와 관련 될 때 그러한 특징을 더 잘 기억하게 된다. 이러한 효과를 자기참조 효과(self-referencing effect)라고 한다.

2. 자아 존중감

자아 존중감의 정의

자아존중감(self-esteem)은 개인의 자기체계, 성격 및 행동을 이해함에 있어서 중요한 심리적 개념으로서, 여러 학자에 따라 매우 다양하게 정의되고 있다. 자아존중감은 자신의 특성에 대한 긍정적 혹은 부정적 감정이 포함된 자신의 가치에 대한 판단과 평가를 포함한다.(김미영, 2000) 전병재(1988)는 자아존중감이란 자신의 능력, 중요성, 성공 여부 등 자신의 태도에서 보이는 가치성의 개인적 평가 또는 판단이라고 하였으며, 자아존중감(Self-esteem)은 자신의 가치에 대한 판단 및 그 판단과 연합된 감정을 의미한다고 하였다(장휘숙, 2000). 이시야마(1984)는 일반적으로 자아존중감이 높은 사람은 다른 사람과의 인간관계가 원만한 반면, 낮은 자아존중감을 가진 사람은 그렇지 못하다고 하였다. 즉, 사회적 상황에서 자주 긴장하고 어색함을 느끼기 때문에 다른 사람과 의사소통이 어렵다. 자아존중감이 낮은 사람은 고립감과 외로움을 느끼며 다른 사람을 기쁘게 해 주려고 하기 때문에 다른 사람의 영향에 특히 취약한 특성을 지니고 있다. 자아존중감을 연구한 로젠버그(1986)에 따르며 어릴 적에 형성된 자아존중감은 청년기에 들어서도 그대로 유지되는 경향이 있다고 하였다. 자아 존중감을 이해하기 위해서는 자아 개념에 대한 이해가 전재 되어야 한다. 자아는 자아에 대한 지식(self-knowledge)과 자아에 대한 평가(self-evaluation)로 이루어진다. 자아에 대한 지식은 자신의 성격, 독특한 자질, 전형적인 행동에 대한 신념의 집합이다. 예를 들면, "나는 키가 크다.", "나는 다정하다.", "나는 좋은 학생이다." 와 같은 것이다. 자아평가는 호의적인가 혹은 비호의 적인가에 따라서 자아존중감은 결정된다. 즉 자아에 대한 지식은 "나는 어떤 사람인가?"에 대한 대답에 해당하는 부분으로 자아 개념으로 일컬어진다. 반면, 자아평가는 "나는 자신에 대해서 어떻게 느끼느냐?"에 대한 대답에 해당되는 부분으로 자아 존중감은 자기 가치에 대한 전반적인 평가라고 할 수 있다.(강위영 외, 1999) Bandura(1977)는 자아존중감을 우리의 인생 생활에서 필수적이며 마땅히 가져야할 경험으로서 강력한 인간적인 욕구이기 때문에 자아존중감이 부족하면 우리의 심리적 성장에 장애를 받는다고 하였다. 또한 Rogenberg(1965)는 자아존중감을 자아에 대한 긍정적이거나 부정적인 태도로 정의한다. 즉 자아존중감은 심리적 건강의 핵심이며(Gover, 1991), 개인의 바람직한 환경 적응 및 건전한 성격 발달과 긍정적인 자기실현에 중요한 요소이다(Coopersmith, 1981).

Rogenberg(1965)에 의하면 자아존중감은 개인이 스스로를 가치 있는 존재라고 지각하는 것, 현재의 자신이 존경받을 수 있다는 것을 의미한다. 이상에서 학자들의 자아존중감에 대한 정의를 종합해 보면 자아존중감을 자신의 가치나 중요성에 대한 자신의 평가적 태도로서 인지적 요소뿐만 아니라 정서적인 부분까지 포괄하는 개념으로 볼 수 있다.

일반적으로 자아존중감이 높은 사람은 자신에게 주어지는 많은 상황과 정보들을 자신에게 유리하게 해석하고 평가하며(김지경, 박수애, 이훈구, 1999), 자기 자신을 설명할 때 더욱 긍정적인 특성을 부여하고(Marsh 1986; Pelham, Swann, 1989) 이러한 자신의 신념을 확신한다(Baumgardner, 1990; Cambell, 1990).

자아 존중감 척도

아래의 문항들은 '여러분이 자신을 어떻게 보느냐' 하는 자신에 대한 생각을 나타내는 문항이다.

No.	문항	거의 그렇지 않다	가끔 그렇다	자주 그렇다	거의 언제나 그렇다
1	나는 내가 다른 사람들처럼 가치 있는 사람이라고 생각한다.				
2	나는 좋은 성품을 가졌다고 생각한다.				
3	나는 대체적으로 실패한 사람이라고 느낌이 든다.				
4	나는 대부분의 사람들과 같이 일을 잘 할 수 가 있다.				
5	나는 자랑할 것이 별로 없다.				
6	나는 내 자신에 대하여 긍정적인 태도를 가지고 있다.				
7	나는 내 자신에 대하여 대체로 만족한다.				
8	나는 내 자신을 좀 더 존경할 수 있으면 좋겠다.				
9	나는 가끔 내 자신이 쓸모없는 사람이라고 느낌이 든다.				
10	나는 때때로 내가 좋지 않은 사람이라고 생각한다.				

위의 척도에는 긍정적 자아존중감 5문항과 부정적 자아존중감 5문항으로 구성되어 있다. 긍정적 문항은 그대로 점수를 계산하지만 부정적 문항의 경우는 반대로 채점하면 된다. 즉, 부정적 문항의 4점은 1점으로, 3점은 2점으로, 2점은 3점으로, 1점은 4점으로 처리한다. 점수 범위는 최소 10점에서 최대 40점 까지 이며, 점수가 높을수록 자아존중감이 높은 것을 의미한다.

3. 자아효능감

자기 효능감(self-efficacy)의 정의

반두라는 자기효능감이라는 개념을 발달시켰는데 자아효능감이란 바람직한 결과를 산출하는 행동을 성공적으로 수행할 수 있다는 개인의 신념(개인이 특정한 상황에서 자신의 행동능력에 대한 믿음)을 말한다. 즉, 자기효능감은 특별한 상황에서 발휘할 수 있는 자신의 행동 능력에 대한 믿음을 말한다. 이와 같은 자아효능감은 내적 행동평가기준과 자아강화기제에 의해 형성된다고 한다. 사람들은 자아효능감에 따라서 자신이 어떻게 행동하여야 할지를 결정하며, 과제에 대하여 선택과 준비, 심지어 처벌까지도 생각하게 된다. 일반적으로 자기효능감이 높은 사람은 특정한 행동을 수행할 수 있다는 강한 신념을 갖고 있으며 자기효능감이 낮은 사람 특정한 행동을 수행할 수 없다는 신념을 갖고 있고 과제를 더 어렵게 느끼게 된다. 왜냐하면 과제의 성공보다 자신의 약점을 먼저 생각하기 때문이다. 자아효능감은 여러 방면에서 사람들의 행동을 이해하는 데 도움을 준다. 어떤 사람은 과제에 도전하는 반면, 어떤 사람은 시작을 하기도 전에 포기한다. 과제의 내용은 다양하여 학교 장면에서 적용하면 쉽게 이해할 수 있다. 리포트를 작성하는 일, 발표 자료를 준비하는 일, 여러 사람 앞에서 발표하는 일, 필기시험, 면접 등 다양하다.

자기 효능감(self-efficacy)의 원천

자기효능감은 자신의 과거 성취경험, 타인의 성공이나 실패를 통한 대리경험, 타인으로부터 듣는 언어적 설득, 수행상황에서 느끼는 불안이나 스트레스 등으로부터 획득 될 수 있다. 특히 한 개인의 능력의 지표라고 여겨지는 과거의 성취경험이 가장 중요한 결정요인이다. 과거에 목표를 달성하기 위한 시도에서 성공・실패의 경험을 통해 앞으로의 과제에 대한 성공여부를 예상하게 된다. 또한, 타인이 성공・실패를 목격하는 것은 유사한 상황에서 개인의 유능감을 평가하기 위한 비교근거를 제공한다. 다시 말해 개인의 관찰경험이 자기 효능감의 중요한 결정요인이 된다. 그리고 개인의 자기효능감은 어떤 주어진 수행상황에서 개인이 느끼는 정서적 각성의 정도와 질에 의해 영향을 받는다. 불안의 정도는 어려움 스트레스 그리고 어떤 과제가 나타내는 지속성의 지각된 정도에 대한 중요한 정보를 제공한다.

실습

자신의 자아 효능감에 대해 이야기해보자.

1. 자신이 가장 잘 할 수 있는 것은 무엇인가?
2. 언제부터 그 일을 잘하기 시작하였는가?
3. 자신이 잘 해낼 때의 기분은 어떠한가?
4. 자신이 잘 하지 못하는 일은 무엇인가?
5. 잘하지 못하는 일에 대한 대처 방법은 무엇인가?

반두라는 심리적 부적응에 대해서 자기 효능감을 높임으로써 행동수정

에 대한 자신감을 유발하고 강화시키는 것이 치료 방법이 될 수 있다고 생각하였다.(Engler, 1999)

2부

장혜진

미용사회 심리학

1장

미용의 개요

1. 미용의 정의

미용이란 공중위생법 제 2조에 의하면 "미용업이란 손님의 얼굴, 머리, 피부 등을 손질하여 손님의 외모를 아름답게 꾸미는 영업"으로 정의하였다. 따라서 미용은 외모를 아름답게 꾸미는 것이란 정의를 살펴 볼 수 있으며, 구체적으로는 아름답게 꾸미는 것에서 의복이나 의료적 행위를 제외한 인체에 물리적, 화학적 영향과 기술을 통해 인체의 피부의 모발, 조갑등의 용모를 아름답게 가꾸거나 개선시키는 것을 말한다.

미용은 피부 미용, 헤어미용, 메이크업, 네일, 메디컬 스킨케어, 대체요법 등으로 구분 할 수 있다. 즉 미용인은 고객의 피부, 모발, 손톱 등의 건강상태를 개선하고 유지시키는 것은 물론 그것을 바탕으로 한 아름다움을 연출할 수있는 예술적 감각과 기술을 함께 갖추어야 한다. 또한 미용과 관련된 직업은고객을 대상으로 사람의 인체에 행해지는 기술적 과학적 예술적 행위의 총체를 일컬으며, 고객이 원하는 사항에 대한 충분한 이해로 만족을 제공하고 기쁨과 감동을 줄 수 있어야 하므로 고객과의 소통 또한 중요한 업무이다.

2. 미용의 기원

인류 문명이 역사 시대로 접어들기 전부터 인간은 자신의 신체를 여러 가지 방법으로 아름답게 표현하고자 했던 흔적을 발견 할 수 있으며, 인류 역사 발전과 함께 발전을 거듭하고 있다.

미용의 범위 안에서 화장품은 인간의 아름다움에 대한 욕구와 욕망의 혼합체이며, 미용기술과 함께 활용되고 있으며 화장품 산업에서의 화장품 소비 심리는 함께 살펴보아야 한다.

신체를 돋보이게 하는 인류의 다양한 노력과 방법은 여러 가지 학설이 있으며, 대표적으로 본능설, 보호설, 장식설, 종교설이 있다.

본능설

인간은 태어나면서부터 본능적으로 미적 욕구를 가지고 있다고 보는 학설이다. 화장의 시초는 자신의 약점과 단점을 고치거나 감추고, 장점을 부각 시키도록 노력하는 것에서 시작 되었으며, 외적인 아름다움을 표현하고자 하는 본능적 욕구를 충족시키기 위해 인류의 역사와 함께 발전되어 왔다.

보호설

어떤 외부의 위험으로부터 자신의 안전과 집단의 안전을 위해 스스로 보호하고자 신체를 치장하였던 것이 인간 자신의 아름다움을 장식하는 것으로 발전하였다는 학설이다. 자신을 보호, 위장하기 위한 방법으로 몸에 상처를 내거나 문신을 하여 동질감을 높이고, 적과의 구별을 용이하게 하여 공포감을 주거나 귀신이나 마귀를 쫓기 위한 수단으로 쓰였다.

이러한 습관과 전통이 민족 간의 독특한 문양과 색체감을 문화적 발전으로 계승된 경우가 많으며, 인도의 헤나 문신, 우리나라의 연지, 곤지 전통 역시 문화적 관습으로 보호설이 미의식 전통으로 이어가고 있다.

장식설

원시시대는 피부나 얼굴에 그림을 그려 넣거나 문신을 새겨 자신의 신분, 계급, 종족 등을 표시하였다. 인디언이나 미개사회 추장이 자신의 권위를 표시하기 위해 몸에 그림을 그리거나 색을 칠하고 장신구 등의 사용이 관습화되어 미와 화장품으로 발전했다는 학설이다.

역사적으로 신분이 높은 계급과 왕, 귀족들은 신분을 과시하기 위하여 남녀를 불문하고 화려한 의복과 장신구를 활용 했으며, 현대의 명품 소비도 이와 같은 소비심리와 같은 계통으로 볼 수 있다.

종교설

신에게 기도하거나 제를 올릴 때 신체를 청결하게 하고, 향기가 나는 특별한 향즙을 몸에 발라 다른 사람과 다른 향취로 신의 위엄과 엄숙함, 능력을 강조하는 등 종교적인 의미에서 몸을 치장하였는데, 이를 현대 미용의 시초라고 보는 학설이다.

이러한 아름다움과 화장품에 대한 종교적 기원은 세계 유수의 종교에서 사제나 목사, 스님이 입는 특별한 복식과 준비과정, 향료의 사용에서 볼 수 있으며 일부 민족의 신체에 대한 채색, 문신, 복식, 도구 사용 등의 사례를 통해서도 알 수 있다.

3. 피부미용인의 영역과 용어

미국은 스킨케어(Skin care), 에스테틱(Esthetic), 독일은 코스메틱(Kosmetik), 프랑스는 에스테띠끄(Esthetique)로 불리는 피부미용이란 용어는 약 200년 전 독일의 미학자 '바움갈텐'이 미(美)에 대한 의미로 처음 사용되어 현재는 국내에서도 피부관리, 에스테틱, 스킨케어, 코스메틱 등 다양하게 사용되고 있다.

코스메틱(Cosmetic)은 그리스어의 'kosmedikos(장식에 노련하다)'에서 유래되었으며 독일에서 Kosmetik은 피부미용과 미용제품, 미용제제의 의미로도 사용된다. 에스테틱(Esthetic)은 프랑스어인 'Esthetique'에서 유래되었으며 사전적인 의미로 '미', '미학의', '심미적인'으로 해석되며 스킨케어(Skin care), 스킨 트리트먼트(Skin treatment)의 의미를 내포하며, 아름다움과 관련된 용어로서 인간이 궁극적으로 지향하는 목표인 행복과 연관된다.

피부미용은 얼굴과 신체 피부의 모든 기능과 미의 본질 및 형태를 다루며 유지시키고 과학적 이론을 토대로 마사지(Massage)의 효과를 기본으로 피부의 아름다움과 심신의 건강을 함께 추구하는 것을 말한다.

4. 피부미용의 역사 (History of the Skin care)

서양의 피부미용

인간의 아름다움에 대한 탐구와 미용방법은 고대문명에서 그 기원을 찾을 수 있으며 고대의 유적, 유물, 문헌을 통해 미용술과 화장품이 널리 사용되었을 알 수 있다.피부미용 기원은 고대 이집트 시대부터 종교의식과 함께 시작되었다고 할 수 있다.

이집트시대

고대 이집트 문화는 대부분 종교와 관련하여 발달하였고 화장술과 미용술도 신전 앞에서 깨끗해지고 싶은 정화의식으로부터 행해 졌다.

올리브유, 아몬드유, 양모 왁스, 꿀, 우유, 계란 노른자, 염료, 흙 등을 사용하였으며, 클레오 파트라가 즐긴 미용법으로 당나귀우유와 진흙 목욕법과 헤나 염색법은 오늘날까지도 전해지고 있다. 이집트인들은 제단이나 신전에 향기가 좋은 나무와 송진을 태우는 관습이 있었고, 천연재료와 향유를 혼합하여 신체에 바르는 것을 시작으로 피부미용이 시도 되었다.

종교적인 목적으로 미라 보존을 위한 보존제로 향이나 안료 등이 제조되어 사용되었으며 청결을 중요하게 생각하여 목욕법을 만들었고, 이 목욕법은 후에 그리스와 로마시대까지 이어졌다.

이집트의 건조하고 척박한 자연환경, 종교적 내세관, 제사의식, 계급제도, 과학적인기술과 지식의 발전, 미의식 등은 다양한 화장품의 제조를 가능하게 하였고 이때에 쓰였던 화장품 원료들은 현대에도 연구되고 있으며 사용되고 있다.

그리스시대

그리스어의 화장술은 의학에 속하는 학문으로 의학적인 보호수단으로서의 화장술을 의미하는 '코스메티케 테크네(Kosmetike techne)'와 과도한 장식적인 화장술을 의미하는 '코모티케 테크네(Komotike techne)'로 나눈다.

그리스 시대는 자연그대로의 꾸밈없는 인간의 모습을 중시하는 헬레니즘 문명사상과 남존여비 사상이 강했으며, 건강한 정신과 건강한 신체를 추구하기 위해 노력하였다. 또한 인위적인 몸단장보다는 전체의 균형에서 비롯되는 조화를 중시했다.

그리스의 상류층과 중류층 여인들은 얼굴에 백연(白鉛)을 발랐고, 하층 여인들은 과도한 화장과 태양에 건조시킨 식물성 오일에 장미 연고를 섞어 고운 점토와 잘 개어 얼굴에 붙여 놓았다가 우유로 닦아 내는 뷰티 마스크(Beauty mask)를 사용하였다.

약 A.D 200년 경에 그리스 물리학자인 갈렌(Galen)은 이집트 화장품의 기록을 체계화하여, 약학(藥學)과 본초학(本草學)을 접목시켜 과학한 후 최초의 크림화장품인 콜드 크림(Cold cream)을 만들었다.

로마시대

로마시대는 그리스인의 여러 가지 풍습을 로마시대는 그리스인의 여러 가지 풍습을 그대로 지켰으며, 오일 등의 화장품과 향수·향료를 많이 사용하였고, 마사지와 사우나를 즐긴 민족으로 황제는 로마 시민의 욕구에 부응하고 자신의 위엄과 민심을 얻기 위한 방책으로 대규모의 목욕탕을 지어 로마 시민에게 제공하였다.

기원전 454년 경 로마의 남성들 사이에서 면도된 얼굴이 유행하였는데 이러한 풍습이 현대 이발의 시초가 되었으며, 남녀 모두 화장품을 많이 사용했고, 희고 아름다운 피부를 가꾸기 위해 나귀젖과 과일산을 사용하였다. 화장법 또한 그리스와 비슷하게 전승되었는데, 신체에 무해하고 건강 유지를 위한 미용술인 '아르스 오르나트릭스(Ars Ornatrix)'와 과도한 화장술인 '아르스푸카트릭스(Ars fucatrix)'로 나누었다. 그리고 화장품과 화장술에 관한 연구 및 처방이 미신 종교에서 벗어나 학문적 원리에 기초를 둔 시기를 맞이하게 되었다.

중세

중세 시대는 종교가 생활 및 풍습에 지배적인 역할을 하며 미용문화도 종교적인 영향을 많이 받았다. 기독교의 금욕주의의 영향으로 교회의 지배력이 강해져 화장을 하지 않는 풍조가 생겨났으며, 고대의 자유분방하고 화려한 문명은 악으로 규정되어 목욕, 사우나, 마사지, 화장품, 화장 등의 요소는 전통이 단절되고 의상도 온 몸을 감싸 금욕적 삶을 위한 형태만 허용되있다.

개인의 위생과 청결은 등한시 되어 결국 개인위생과 도시의 환경 위생의 부족으로 흑사병과 같은 대 재앙을 만나 중세 유럽인구가 큰 폭으로 감소하였다.

끓는 물에 보리수꽃, 사르비아, 로즈메리, 회향 등의 약초를 넣어 얼굴에 스팀을 쐬는 치료를 목적의 약초미용법이 개발되었고, 화장품 제조에 중요한 역할을 하는 알코올도 이 시기에 발명되었다. 또한 이발, 면도, 마사지, 이를 뽑거나 부스럼 치료등의 일을 하는 이발사 겸 외과의사인 바버(Baber)의 직업은 미용 영역과 의료 영역을 구분 짓지 않는 새로운 직업으로 발전하게 되었다.

르네상스시대

동방과 무역을 통해 다양한 문물을 접하며 서구시민사회가 형성되었다.

중세에서 현대로 변천하는 중요한 시기이며, 향장산업이 발전하는 계기가 되었다.

르네상스가 시작된 이탈리아에서는 고전의 아름다움을 추구하며, 여성 메이크업이 부활하고 화장은 사교를 위한 필수 조건이 되었다. 중세시대의 노출이 없어지고, 자유롭고 편안한 의상과 헤어 네트 및 진주가 박힌 상류층의 네트 등이 나타났다.

맑고 하얀 피부를 선호하여 알코올, 채소 농축액, 우유, 꿀 등을 혼합하여 사용하였다. 또한 위생관념이 없어 세수나 목욕하는 습관이 없어 악취를 방지하기 위해 향을 몸에 뿌리는 습관으로 향수가 보급되기 시작하였다.

프랑스의 루이 15세의 정부였던 퐁파두르(Pompadour)는 중국에서 수입한 쌀가루분 등 흰가루를 독립된 방에서 머리위에 뿌리는 것이 유행이었는데 이를 파우더룸이라 불렀고, 오늘날의 화장하는 방을 뜻하는 곳이 되었다.

르네상스 시대에는 중세시대의 노출이 없고 불편한 의상과 헤어 스타일 대신 보다 자유롭고 편안한 의상과 헤어 네트 및 진주가 박힌 상류층의 네트 등이 나타났다.

근대

프랑스 대혁명 이후 산업 혁명을 통한 근대 시민 계급이 부르주아 계급으로 성장하고 화학분야의 급속한 발전으로 성분과 제조술이 개선되어 화장품 품질이 향상되었다. 나폴레옹 시대, 왕정복고 시대, 나폴레옹 3세 시대를 거쳐 다양한 역사적 부침에 따라 급격한 문화적 변화가 나타났고 1866년에는 산화아연을 만들어 백납분보다 훨씬 안전하고 새로운 분을 공급하게 되었고, 1870년 대 이후 보불 전쟁, 이탈리아의 통일국가 및 프로이센의 통일 국가의 성립으로 오늘날과 같은 민족 국가 단위의 국가가 성립 되었다. 왕족이나 귀족의 전유물이었던 크림이나 로션이 일반인들에게도 보급되면서 화장이 여성 전유물이 되었다.

근대는 제국주의의 팽창으로 식민지의 원자재와 시장의 확보로 서구 국가들이 부유하게 되어 급격한 부르주아 계급이 증대되고 자본 축적이 진행되었으나 노동자와 도시 빈민, 식민지 국가 국민들은 수탈과 가난, 탄압의 역사에서 신음하던 때이기도 하다.

19세기 중반부터 화학과 기술의 발달로 비누 사용이 보편화 되었으며, 흰 피부를 선호하여 메카의 향유, 카카오 기름, 고추냉이 기름 등을 미용팩으로 사용했다.

19세기 말 유기화학과 의학이 급속이 발달하면서 프랑스의 겔랑(Guerlain)이 근대적 화장품 회사 및 향수 회사로 출범하고 영국의 베샴(Beecham), 미국의 해리엇 함버드(Harriet Hubbard)가 현대적 의미의 화장품을 제조, 독일의 슈바츠코프사가 최초의 파우더 샴푸를 제조하게 되면서 화장품 산업이 발전하기 시작하였다.

현대

20세기에는 여성의 참정권의 인정과 사회 참여 및 경제 활동의 욕구가 커진 시대이며, 향장품의 종류가 다양하게 개발되어 대중화된 시기이다.

1901년 마사지 크림이 개발되어 대량생산 되었고, 1921년 폴란드 화학자

C. 퐁크에 의해 비타민이 발견되었다. 이 시기에는 내분비호르몬을 비롯한 자연물질의 과학적 발전으로 생약학, 생화학, 생리학을 기초로 한 피부미용이 발전되었다.

1947년에는 프랑스의 발렛트의 교수가 전기적 또는 기계적인 수단으로 깊이 침트시켜 세포에 영양을 주어 신진대사에 영향을 미치는 것을 증명하여 전기피부미용(Eletro cosmetic)의 토대를 마련하였고, 현재에 사용되어지고 있는 전기이온영동법(이온토포레시스)의 시초가 되었다.

현대인은 자연 그대로의 피부건강과 아름다움을 추구하였고, 건강과 외모에 많은 관심을 갖고 있어 화장품의 제조 및 세분화 되었고, 화장품 분야의 전문 직업이 확대되었다. 미를 위한 산업인 화장품 산업, 피부미용 산업, 헤어미용 산업, 메이크업 산업, 네일아트 산업 등으로 분화되고 전문화되는 시기를 맞았다.

우리나라의 피부미용

단국신화에서 알 수 있듯이 한국인들은 예로부터 백색을 선호하였고, 곰과 호랑이가 인간이 되기 위해 쑥과 마늘을 이용하였는데 쑥을 달인 물로 목욕을하여 피부의 미백 효과와 트러블 완화, 노화방지 효과가 뛰어난 입욕제로 사용하였으며, 마늘은 빻아서 꿀과 섞어 피부에 발라 놓았다가 씻어내었는데 미백효과와 살균효과가 있었다고 한다.

삼국시대

삼국시대에는 중국과의 교역이 활발했으며, 고구려는 지리적 위치상 중국과의 교역이 매우 활발하여 문화의 영향을 많이 받았다. 쌍영총 고분 벽화와 초상화를 보면 모두 머리를 곱게 빗고, 눈썹을 짧고 뭉툭하게 다듬었으며, 뺨에 연지화장을 하고 있는 것을 볼 수 있다. 또한 무인(舞人)들은 머리카락을 뒤로 틀고 연지를 이마에 바르고 금당으로 머리를 꾸몄으며, 평상시 외출과 의례 등에 따라 치레가 달라졌으며, 계급과 신분에 따라서도 꾸밈을 달리하였다는 것을 알 수 있다.

백제의 화장에 대해서는 구체적인 기록이 없으나 일본측 사서(史書) 및 《삼재도회(三才圖會)》에 일본이 백제로부터 화장품 제조기술과 화장법을 배워 갔다는 기록이 있는 것으로 미루어, 화장기술을 보유하고 있었음이 추측할 수 있다. 또한 고구려나 신라인보다 엷고 은은한 화장을 하였다고 전해지고 있다.

신라는 아름다운 육체에 아름다운 정신이 깃든다는 영육일치사상(靈肉一致思想)에서 남성인 화랑(花郎)들도 여성들 못지 않은 화장을 하고, 귀고리·가락지·팔찌·목걸이 등 갖가지 장신구로 장식을 하였다. 뿐만 아니라 귀천에 관계없이 여성들이 향낭(香囊)을 차고, 귓불을 뚫어 귀고리를 달고, 장도(粧刀)를 지녔다. 또한 백색피부를 선호했음을 알 수 있는 곡식의 가루나 광물성 가루 등으로 만들어진 백분(白粉)의 사용과 제조기술이 전해지고 있다.

신라는 불교의 영향으로 몸을 청결이 하는 목욕이 대중화 되었고 향의 사용과 팥, 녹두, 잿물 등으로 만든 비누와 세제 역할을 했던 조두가 만들어졌다.

고려시대

고려는 신라의 정치·경제·군사제도를 답습하고 문화와 생활관습을 계승하였으므로 신라의 화장 문화 역시 계승·진보하였다. 고려인의 화장을 중국의 기록에서 살펴보면, '부인은 귀밑머리를 오른쪽 어깨에 내려 드리우고 나머지 머리는 아래로 내려 댕기로 매고 비녀를 꽂았다'(《宋史》)고 하였으며, '짙은 화장을 즐기지 않아 분은 사용하나 연지를 사용하지 않았으며(不喜塗澤 施粉無朱), 버드나무 잎같이 가늘고 아름다운 눈썹을 그렸다. 또한 비단향료주머니를 차고 다닌다'(《高麗圖經》)고 했다. 몸의 청결을 위해 아기들은 복숭아 꽃물에 세수시키거나 전신 목욕을 시켜 희고 부드러운 피부를 유지하였고, 여인들은 난(蘭)을 삶아 우린 물로 목욕하고 두발청결을 즐겼다. 고려 조정에서는 수은(水銀)을 수입하여 거울을 만들게 하고 빗도 만들게 하였으며, 삼국시대의 화장용기는 주로 토기목제로서 파손되기 쉬워 남아있는 것이 그리 많지 않으나 고려시대에는 금·은·청동 등 금속제 외에 청자로 대량 제조되어, 화려하고 견고한 화장품 그릇이 많이 남아 있는 것으로 전해진다. 그 밖에 고려시대에 사용된 화장품으로는 피부 보호제 겸 미백제 역할을 하는 면약(面約)이 있었는데, 현대의 영양크림과 밀크로션의 중간 형태라고 볼 수 있다.

조선시대

조선시대 유교윤리를 생활의 기본으로 삼아 여성은 외면의 아름다움보다 내면의 아름다움, 부덕(婦德)이 강조되어 부용(婦容, 용모)은 깨끗하고 부드러운 마음가짐의 표현이라고까지 하였다.

여염집 여성들의 생활화장과 기생・궁녀 등 특수층 여성의 의식화장이 더욱 뚜렷해지고, 여염집 여성들의 생활화장도 평상시의 청결위주와 혼인・연회・외출시의 화장으로 구분되었으며, 고려시대에 비해 옷차림, 장신구, 화장에 대해 검소함과 정결함이 강조되었다.

제사를 지내기 전에는 반드시 목욕을 하는 풍습이 있었고, 사대부나 상류층에서는 온천욕과 향탕, 난탕(蘭湯), 인삼탕 등으로 목욕하는 방법을 즐겼으며 난탕(蘭湯)은 피부미용과 발향 효과가 있고 인삼탕은 피부를 윤택하게 만들었다.

조선시대의 화장품은 보염서라는 기관에서 궁중 화장품을 전담하였으며, '규합총서'에 당시의 화장품 제조 방법들이 많이 수록되어 있다.

숙종(肅宗: 재위 1674~1720) 연간에 화장품 행상인 매분구(賣粉)가 존재했던 것으로 보아 조선시대에 화장품의 생산·판매가 산업화할 조짐을 보일 정도로 다양하게 대량 소비되었던 것으로 보인다. 일반인들은 대부분의 화장품을 직접 만들어서 쓰는 경우가 많았다.

개화기 이후의 메이크업

강화도 조약(1876년)에 따른 개항 이후 우리나라에는 신식 메이크업 테크닉과 화장법이 물밀 듯 밀려 들어왔다. 처음에는 주로 일본과 청나라로부터 유입되었으나 한일합방 이후 1920년대에는 프랑스를 주로 한 유럽으로까지 확대되었다.

수입화장품은 주로 크림, 백분, 비누, 향수 등이었는데 포장과 품질이 우수하여 여성들로부터 대단한 인기를 있었다. 하얀 얼굴에 반듯한 이마의 잔털을 제거하고 박가분을 물에 개어서 하얗게 발랐으며, 그 후 일본 유학생 오엽주가 종로 화신 백화점에 처음으로 미장원을 개업하고 새로운 메이크업 테크닉과 바니싱 크림 등의 신식 화장품을 소개하였다. 또 그는 입술연지를 아랫입술에만 빨갛게 바르고 눈썹을 초승달 모양으로 그리는 화장법을 유행시키기도 했다.

1945년 8.15 해방을 계기로 우리나라의 화장품 산업은 일시적으로 퇴보를 보였으며, 6.25 이후 수입 화장품, 밀수 화장품, 미군 PX 유출품이 범람하다가 1960년대에 들어서야 다시 국산 화장품 생산이 본격화되고 메이크업 테크닉에도 변화가 일어났다.

1960년 이후에는 바니싱 타입의 크림과 백분의 소비량이 격감한 가운데 액상색분(파운데이션)의 수요가 급증하였고, 입술연지가 고형(스틱)으로 바뀌었으며 아이쉐도우가 등장하여 색조 화장법이 시작되었다.

1900~1930년대

복식은 한복과 양장이 혼동되었으며 신여성이라고 불리고, 외국 유학생이나 외교관의 부인 등 극소수의 여성에게 양장이 착용되기 시작했다.

신식화장품과 함께 도입된 신식 화장법은 입술연지의 색깔이 진해지고 향이 강렬해졌다.

치마의 길이는 짧아졌으며 하이힐을 신고 양산을 든 차림이 신여성을 대표하였지만 일부 신여성의 자유연애 예찬으로 빚어진 비난 때문에 어염집 여인들은 종전보다 더욱 엷은 화장을 선호하는 현상을 보이기도 하였다.

1940년대

1940년대 직후에 현대식 화장법이 도입되었다. 화장 패턴은 얼굴을 희게 하고 눈썹은 반달 모양, 볼연지와 붉은 입술을 하는 것이다. 해방 후의 화장 기법은 번들거리고 눈화장(마스카라와 아이라인으로 강조함)을 강조한 부분 화장에 포인트를 주는 것이다.

1945년의 8.15 광복을 계기로 한국의 화장품 산업은 전환기를 맞이하게 된다. 일제 화장품의 범람과 일제 화장품 광고의 홍수는 일본의 패망으로 일제히 자취를 감추고 그 대신에 에레나 크림, 바니싱 크림, 모나미 크림, 스타 화장품 등의 국산 화장품이 생산되었다. 그러나 8.15 직후에 원료의 부족이 심각하였을 뿐만 아니라 화장품 제조 회사의 규모가 영세하였기 때문이며 그나마 1950년 6.25 동란으로 또 다시 화장을 하지 않게 되었다.

1950년대

수입 화장품, 밀수 화장품, PX 유출품의 범람이 가속되다가 1956년 처음으로 프랑스 '코티'사와 기술 제휴로 신제품을 개발하면서 코디분이 국산화되어 품질을 혁신했고, 1960년대로 들어오면서 화장품 시장은 성숙기를 맞이하게 된다. 영국 영화의 상영으로 오드리 햅번 등 영화 스타의 모방이 헤어, 화장, 복식에 유행했다.

1960년대

정부의 국산 화장품 보호정책에 따라 화장품 산업은 정상적인 궤도에 진입하고 색조화장품을 생산했다. 부자연스러운 하얀분 화장에서 자연스런 피부표현으로 바뀌고, 기초 화장을 중심으로 한 피부 표현에 역점을 두고 수정 화장이 더해져 세련된 느낌을 주긴 했으나 인조 속눈썹의 사용으로 꾸민 듯한 느낌을 주었다.

1970년대

화장품 회사의 주도하에 메이크업 캠페인으로 색채 화장에 대한 거부인식을 불식시키고 입체 화장이 생활화되었다. 샴푸, 바디제품, 팩제품 등 화장품 시장의 급성장, 의상에 맞추어 화장하는 토털코디네이션이라는 말이 등장하였다. 이 시기부터 의상의 유행이 화장에도 영향을 미치기 시작하여 1972년에 복고풍의 의복이 유행하게 되자 화장에 있어서도 복고풍이 나타났다.

1976년에는 패션과 함께 동양무드가 가미된 화장이 선보였고, 색상은 부드러우면서도 침착한 색조 올리브 그린, 크림 베이지, 브라운, 오렌지, 블루, 더블, 핑크색이 주류를 이루었다.

1978년부터 미용 캠페인의 영향으로 메이크업이 토탈패션의 한 부분으로 조화되어야 한다는 의식이 생겼으며 계절별로 봄의 입술화장, 여름은 자외선 차단, 가을은 눈 화장, 겨울은 기초 피부손질에 중점을 둔 T.P.O(Time 시간, Occasion 상황, Place 장소) 미용법이 정착되었다.

1980년대

1980년대에는 컬러 TV의 방영으로 색채에 대한 수요가 복식과 화장에

폭발적으로 일어났고 부분적으로 수입 자유화된 선진국의 다양한 색채화장품 수입으로 소비자가 자신의 개성과 라이프 스타일에 맞추어 선택하는 색조 화장품과 기능성 화장품이 출시 되었다.

해외동포의 귀국과 해외와의 교류도 빈번하여 세계의 패턴 소식이 동시에 한국에도 유입되었으며, 젊은이들을 중심으로 브룩실즈로 대표되는 자연적인 굵은 눈썹으로 자신감 있고 활동적인 여성상을 표현했다. 색조 화장은 더욱 세련되어지고 다양해졌으며 동양인의 오클계 피부에 잘 조화되는 코랄색상(핑크와 오렌지의 중간)이 유행하고 갈색을 주조색으로 황금색펄과 벽돌색의 조화로 세련되고 매혹적인 분위기의 색조화장이 유행했다.

1980년대에 들어와서 교복 자율화와 88올림픽을 기점으로 더욱 개성적인 자기표현과 과감한 연출이 두드러졌고, 컬러 TV의 대량보급과 매스미디어의 발달로 색상 사용이 다양해지고 뚜렷해졌다.

1981년 YMCA에서 피부미용이 도입되어 정식 피부미용 교육이 이루어졌으며, 1986년 CIDESCO(국제 피부관리협회)에 가입하여 세계대회에 참가하였다.

정부의 화장품 산업 보호정책 중의 하나로 1980년대 초까지는 우리나라 화장품이 외국제품과 비교하여 경쟁력이 떨어진다는 이유로 외제 화장품 수입을 금지시켰으며 품질을 향상시키기 위해서 기술 제휴를 하도록 하였으나 우리나라 화장품도 품질이 향상되어 1983년 이후 화장품의 수입자유화가 부분적으로 이루어졌고 1986년까지는 전면 수입 자유화가 되었다.

1980년대 중반 피부미용 전문 제품이 수입되어 에스테틱 전문 살롱이 발전하게 되었고, 1980년대 후반부터는 유럽의 메이크업 관련 정보가 많이 유입되어 일본보다는 유럽의 영향을 많이 받기 시작하였는데 아이섀도우

화장의 더블패턴(아이홀 화장)으로 평면적인 동양인의 얼굴에 입체감을 주고자 했다.

1990년대

1990년대에도 패션의 흐름과 더불어 메이크업도 유행을 창출하고 선도하는가하면 라이프 스타일의 변화에 따라 이성보다는 감성을 중요하게 여기고 패션성을 요구하고 있다. 사회 전반에 걸친 에콜로지의 경향으로 건강에 대한 관심과 자연보호에 대한 의식이 고조되면서 베이지, 오렌지, 브라운 계열을 중심으로 한 자연스러운 색조가 강세를 보였다.

이 시기에 특히 특이한 현상은 각 브랜드에서 시즌마다 컬러를 제시하여 소비자로 하여금 유행을 선도해 나가는 현상을 들 수 있으며, 각자의 개성이 강조되고 자유로움을 추구하는 현대인의 특징이 화장품 회사 주도하에서 소비자가 선택하는 시대가 시작되었다.

또한 혼합되는 색의 강약에 따라 얻을 수 있는 무수한 색감을 참조하여 다양한 색채 예술의 감각으로 눈, 볼, 입술 화장을 표현했다.

1990년대 후반에 들어 패션경향은 어두운 무채색 계열로 몸의 곡선을 가린 퇴폐적인 분위기와 함께 국내에서 오리엔탈리즘과 결합되어 풍부하고 폭넓게 표현하고 있다.

한국의 디자이너들은 오리엔탈 패션테마에 맞추어 한국적인 것을 현대적으로 표현하게 되었는데 의상과 함께 창백한 피부톤, 가는 아치형의 검은 눈썹, 붉은 립스틱 메이크업도 나타났다. 또한 어두운 색채들은 금이나 구리 등의 금속적인 광택과 혼합되어 깊이감을 더해주거나 어둡고 깊은 컬러를 이용한 스모키한 느낌의 다소 음침한 분위기를 연출했다.

파우더를 뿌려놓은 투명한 피부 표현으로 어두운 색조화장과 병행될 때 냉철하고 지적인 세련미를 표현하고 있다. 화장 연령이 저하되어 젊은이 대상의 화장품 시장이 점차 확대되어 발전 하였다.

현대

기초화장과 메이크업으로 크게 나눌 수 있는데, 메이크업은 T.P.O(Time 시간, Occasion 상황, Place 장소)에 따라 분류되며 일반적으로 여성의 화장은 내추럴 메이크업을 말한다. 메이크업하기 전에는 피부손질을 함께 하는 기초화장을 한다. 그러나 현대의 화장은 예전에 비해 품질면뿐만 아니라 메이크업에서의 변화도 뚜렷하다.

현대의 화장은 피부색과의 전체 조화에 중점을 두어 발전하게 되었다. 과거에 분은 흰색, 루즈는 빨강, 눈썹은 검은색이었던 것이 각각 단일색에서 벗어나 여러 가지 다채로운 칼라와 상품구성이 되었다. 특히 아이섀도 등은 눈꺼풀에 음영(陰影)을 만들기 위한 화장이었던 것이 옷의 빛깔과의 조화를 맞추기 위한 다양한 칼라와 메이크업 기술이 선보였다.

머리염색도 예전에는 흰머리를 염색하기 위해 검정 또는 흑갈색이었던 것이 청색·자색·적색·백색·은색·금색 등도 쓰일 정도로 여러 가지 칼라로 다양해 졌으며 헤어 컬러라고 부르게 되었다. 이렇게 메이크업은 패션의 일부가 되고 분위기에 따라 색조를 변화하게 되었다.

피부는 본연의 아름다움을 강조하는 건강 자연미를 강조하는 방향으로 나가고 있으며, 파운데이션이나 분의 종류도 모두 투명감을 가지게 되었다.

기존의 미(Beaty)의 개념에 관리(Care) 개념이 더해지고, 더 업그레이드된 치유(Therapy)개념이 합쳐져 아로마테라피(향기요법), 림프드레니쥐, 딸라소테라피(해양요법), 뮤직테라피, 칼라테라피, 스톤테라피, 플라워테라피, 이미지테라피, 아유르베다, 피토체라피, 크로마테라피 등 다양하게 선보이고 있다.

현대의 화장은 화장품의 발달과 매스미디어의 발달에 의하여 예전과 같은 화장술의 격차가 없어지고, 화장으로 짐작할 수 있었던 직업이나 지역차, 계층이나 연령 등을 알 수 있는 의미의 표현이 없어지고 개성표현의 요소가 많아졌기 때문에 개인의 기호, 지성, 교양 등을 알 수 있게 되었다.

2000년대 화장품 산업은 화장품 제형 발달 기술을 통해 다변화되어 고객에게 질적만족을 충족시켰고 1990년대 말부터 시작된 한방화장품의 시장이 확산되어 2000년대 한방화장품 열풍을 일으켰다. 또한 2008년에는 국가자격검정 피부미용사 제1회 시험이 시작되어 미용의 국가자격 그 두번째 종목이 시행되었다.

미용사회의 산업은 더 이상 고객에게 기술과 기능만을 제공하는 것이 아니라 고객의 개성과 미에 대한 욕구를 충족시키게 되었고 전문적인 지식의 양상과 다양한 고객만족의 능력 및 유행을 리드할 수 있는 국제적 경쟁력을 갖춘 산업으로 성장하고 있다.

5. 미용사회의 특수성

시간적 제한

고객에게 직접 제공 되어야 하는 관계로 제한된 시간 내에 관리를 마쳐야 하고, 완성 할 수 있도록 충분한 상담을 통해 고객을 만족 시킬 수 있는 미용적 지식과 기술을 갖추어야 한다.

의사표현의 제한

미용인은 고객에게 서비스에 대한 충분한 설명과 트랜드 제안을 할 수는 있으나, 미용의 소재는 고객의 신체이므로 고객의 의사를 절대적으로 존중하여야 하며 미용사의 의사 표현은 제한된다.

소재 선정의 제한

미용인이 관리를 제공하는 소재는 손님의 신체이므로 소재를 선정하고 자유롭게 바꿀 수는 없으며, 또한 신체에 행해지는 서비스인 만큼 사용되는 도구, 기구, 화장품 및 제품의 정확한 사용과 주의를 요한다.

소재 변화에 따른 미적 효과의 고려

고객의 연령과 직업 환경, 의상, 메이크업, 시간, 장소에 따른 변화와 미적 효과를 고려해야 한다.

부용예술(附庸藝術)로서의 제한

미용은 그림이나 조각과는 달리 작가의 사상을 작품에 자유롭게 표현할 수 없는 건축과 같은 부용예술로서 특수성을 갖는다.

2장

미용사회 소통의 단계 (Communication)

1. 만지기 (Touch)

촉각은 뜨겁고 차가운 것, 움직임, 가볍게 두들기는 것, 그리고 아픔 등 감정적인 요소를 지닌 복합적인 감각기이다. 많은 문화에서 포옹이나 입맞춤, 악수 등은 좋은 감정을 불러일으키는 의사소통의 수단으로 쓰인다.

대인관계에 있어서 피부접촉을 중요시 하는 이유는 살과 살의 접촉에 의하여 더욱 상호의 애착이 촉진되는 것이며, 이것을 스킨쉽(skinship)이라고 한다. 스킨쉽은 영유아기에 있어서 특히 중요하다. 유아는 모친의 따뜻한 체온, 청결한 체취, 건강한 모유, 부드러운 이야기에 의하여 건전한 정서를 키워나간다. 피부접촉은 인간의 정서 발달의 기초이며, 유아기에 스킨쉽이 거의 주어지지 않았던 아이는 원만하고 건전한 정서를 발달시키는 것이 곤란하게 된다.

이에 대한 할로우(Harlow)의 1959년도의 유명한 실험이 있다. 원숭이 새끼를 어미 원숭이와 격리시키고, 새끼 원숭이에게 철사로 만들어진 우유를 먹을 수 있는 '철사엄마'와 우유를 먹을 수는 없지만 매달릴 때 따뜻한 '헝겊엄마'를 만들어서 넣어주었다. 새끼 원숭이들은 생존에 필요한 우유를 철사엄마를 통해서 얻지만, 헝겊엄마를 더 좋아하는 것으로 나타났으며, 낯선 물체에 놀라거나 두려운 상황에서 새끼들은 예외 없이 헝겊엄마에게 매달렸다.

이 실험은 애착(attachment)에 대한 실험으로 유명하지만 인간을 포함한 포유류에 있어서 접촉위안의 중요성을 입증하는 실험으로도 유명하다. 인간을 포함한 포유류들은 따뜻한 접촉만으로 만족과 위안, 안정을 얻는다는 것이다.

미용 마인드의 기본이 만지기(Touch)이다. 피부(Skin)는 '드러난 뇌'로 인간의 모든 정서를 공유 할 수 있으며, 추상적 의미를 공유하는 제일 첫번째 단계는 엄마가 나를 만지는 것부터 시작한다. 갓 태어난 아이의 뇌는 엄마와의 피부 접촉(Skin Ship)에 의해서 성장하게 된다. 엄마가 만지는 살갗은 '나'와 '엄마'가 공유하는 부분이 생겨 소통하게 되고, 애착관계가 형성된다. 애착은 먹는 것보다 사랑과 위안이 더 크게 영향을 끼치며, 스킨십이 생명을 유지하는데 필수적임을 시사한다.

마주 대하거나 헤어질 때에 예를 표하는 악수는 인사, 감사, 친애, 화해 따위의 뜻을 나타내기 위한 것이며, 위로의 말을 늘어놓는 것보다 손을 지그시 잡아주거나 등을 톡톡 두드려 준다든지 안아주는 스킨쉽 쪽이 훨씬 위로의 효과가 크다.

2. 눈 맞추기 (Eye-contact)

말은 한다는 것은 소통을 한다는 것이며, 소통을 한다는 것은 나와 상대방이 지속적으로 주고받는 상호작용의 과정인 것이다.

가장 먼저 소통의 과정이 바로 서로 보기에서 시작되는데 서로를 보다보면 감정이 생긴다. 그 감정은 단순히 한가지의 감정이 아니라 몇 가지로 겹치게 되는데, 이를 **감정이입**(empathy)라고 한다. 그리고 서로를 보게 되면 단순히 상대방만을 바라보는 것이 아니라 상대방은 자신을 어떻게 보고 있는지, 상대방은 내가 자신을 어떻게 보고 있다고 생각하는지, 세가지의 시각으로 서로를 보게 되는 것이다. 그래서 소통하는 상황에서의 보기는 대단히 중요하다.

이러한 모든 것을 극복하고 보다 더 원활하고 활발한 소통을 위해서는 단순히 눈으로 보는 것이 아니라 보는 가운데서도 맞춤을 통해서 봐야 한다.

이것을 **눈 맞추기**(eye-contact)라고 한다.

눈맞춤(eye-contact)을 통해서 상대방뿐만 아니라, 자신의 모습도, 나를 통한 상대방의 모습도 함께 볼 수가 있다. 또한 말을 하면서 보는 가운데 상대방과의 감정이나 느낌, 생각, 판단, 입장과 태도를 함께 공유해 나가는 것이며, 소통의 궁극적인 목표는 상대방과의 감정이나 느낌, 생각, 판단, 입장과 태도, 심지어 행동까지 함께 가려는 의도가 숨겨져 있다. 즉, 감정적 호감상태와 이성적 공감상태, 행동적 소통상태를 하고자 하는 의도(goal)가 스며들어 있다.

이러한 과정이 상대방과 일치하거나 같은 방향일 때 우리는 소통에서의 만족을 얻으며, 이러한 전 과정을 **설득**(persuasion)이라고 한다.
대인 설득적 상황(interpersonal communication)에서 가장 첫걸음이 바로 눈맞춤(eye-contact)이다. 하지만 눈맞춤이 일어난다고 해서 반드시 호감, 공감, 설득이 되는 것이 아니다. 보는 과정에도 요령이 있다. 특히 보면서 모여 있는 여러 사람들 앞에서 자기의 주장이나 의견 등을 말하는 일(Speech)을 하는 상황에서는 더욱 눈 맞춤의 기술이 필요다.

그 첫째가 바로 맞춤(contact)이다. 즉, 맞춤이 일어나려면 멈춤(stop)이 있어야 한다. 멈추지 않고서는 맞춤이 일어날 수 없다. 적어도 한마디의 말은 한사람, 혹은 한 곳과 멈춰져야하고 그렇게 해야 맞춤이 일어난다. 만약 맞춤이 일어나지 않고 말을 하는 가운데 시선의 방향이 움직이면 살피는 느낌을 주게 된다. 그리고 둘째는 상대방과 눈 맞춤을 하려면 상대방을 자신의 가슴 앞에 두고 봐야 한다. 눈동자만을 돌려서 보거나, 고개만을 돌려서 보게 되면 오히려 긍정적 의도가 왜곡되어 부정적으로 해석될 수도 있다. 상대방을 자신의 가슴 앞에 두고 보는 것은 상대방에 대한 예의이자 상대방과의 소통을 성실하게 하고 있다는 의미를 전달하는 것이다.

그리고 마지막으로 눈 맞춤을 할 때에는 너무 지나치게 한 곳, 한사람만 응시하면 오히려 편견과 도발적인 의미로 해석될 수도 있다. 시선을 골고루 응시해야 한다. 다만 상대방 이외에 주변이나 사물, 천정, 바닥 등을 살피면 자신이 없거나, 신뢰성을 주지 못하게 된다.

눈 맞춤의 위력은 상대방의 감정을 자신과 같은 방향으로 스며들게 하고 나아가 신뢰성과 자신감을 나타내며 원활하고 활발한 소통 상태를 유지시켜 준다.

눈맞춤을 하지 못하는 경우는 상대방에게 위축 되었거나 내용에 대해 확신이 부족하고, 목적의 결과에 대한 불확실성, 불안증 등 자신감이 부족하고 소통의 의사가 없다는 징후(상대가 싫거나, 의욕이 없다는 의미)가 있을 때이며, 숨기고자 하는 것이 있는 경우(가식, 위선, 거짓, 허위 등의 의미 내포)이다.

인간이 처음 태어나서 움직이지 못했던 미숙아 상태에서 눈을 맞추는 것은 소통의 시작이 되며, 모든 엄마들은 아이와 본능적으로 눈을 마주치며 소통한다. 동물들은 눈을 마주치면 자신을 공격하는 것으로 받아들이지만 인간은 눈을 마주치는 것을 가장 기본의 의사소통 행위로 여긴다.

고객과의 상담 시 눈 맞추기(Eye-contact)는 정서적 안정감을 제공하며, 눈맞춤은 긍정의 힘을 주므로 상담자가 고객의 의견에 동조함을 전달 할 수 있다.

3. 정서 조율하기 (Affect-attunement)

정서를 표현하는 것은 내 정서를 공유해 달라는 것이며, 정서를 공유한다는 것은 다른 사람의 정서표현을 똑같이 표현해 주는 것이다.

우리 세포 속에는 '거울뉴런'이라는 것이 있는데, 다른 사람의 동작을 머리속에서 재현하고 그 의도를 추측하고, 거울처럼 상대방의 정서표현을 흉내 내는 것이다. 승리나 성공의 기쁨을 표현하기 위해 두 사람이 손을 들어 올려 손바닥을 마주치는 하이파이브(High Five)가 거울뉴런의 좋은 예이다.

아이와 엄마의 처음 놀이는 눈 맞추기(eye-contact)부터 시작한다. 그러나 아이는 눈 맞추기 이외에도 엄마의 목소리, 냄새, 그리고 움직임에 계속 반응한다. 엄마는 아이가 경험하는 세계의 전부이기 때문에 엄마 특유의 말투로 아이를 자극하면 엄마의 말투를 흉내 낸다. 이 특이한 현상을 발달심리학에서는 아기의 특이한 말투를 흉내 낸다는 의미로 '아기 말투(baby talk)' 또는 엄마만이 사용하는 특별한 말투라고 '엄마 말투(motherese)'라고 정의한다. 인종과 문화에 관계없이 엄마들은 말꼬리를 올려 아이를 자극하는데 엄마들이 사용하는 특이한 말투의 기능은 도대체 무엇일까?

정서조율(affect attunement)이다. 서로 유사한 방식의 말투를 이용해 서로의 정서를 맞춰나가는 것이다. 서로가 서로에게 집중하고 있다는 느낌은 서로가 사용하는 몸짓과 소리를 통해 전달된다. 엄마의 길게 늘어지며 꼬리가 올라가는 소리는 아이 자신이 내는 소리와 아주 유사하다. 아이는 자신의 소리와 유사한 소리를 들으며 누군가 자신과 꼭 같은 느낌을 가지고 있음을 본능적으로 확인하며, 누군가 나와 동일한 정서를 갖고 있음을 확인하는 것은 인간의 의사소통이 발달하는 가장 기초적인 단계이다.

좋은 일이 있으면 잔치를 하는 것은 기쁨을 공유해 달라는 것이고,장례식장에서는 슬픔을 함께 공유해 달라는 의미이다.

고객과의 상담 시 정서 조율하기(Affxct-attunement)는 고객의 표정과 말의 높낮이, 뉘앙스(nuance), 몸짓 등을 자연스럽게 함께 취하므로써 고객과 정서를 공유 할 수 있다.

4. 순서 주고받기 (Turn-taking)

인간의 모든 의사소통은 '순서 주고받기'가 있다. 내 순서가 있으면 상대방의 순서가 있고, 내 순서가 오면 반드시 그것에 반응해야 한다는 원칙이다.

일방적인 대화는 없다. 강사 혼자 하는 강의도 의사소통의 원리로 보면 결코 혼자 하는 것이 아니다. 뛰어난 강사는 청중에게 반응할 기회를 반드시 주며, 고개를 끄덕이거나 반응할 수 있는 기회를 자주 만들어 청중과 소통한다.

유머가 중요한 것도 반응할 순서, 즉 웃을 순서를 주기 때문이다. 정서적 상호작용이 서로 순서를 바꿔가며 일어나야 하기 때문이다.

말을 아무리 청산유수로 할지라도 이 정서적 "순서 바꾸기"가 깨지면 곧바로 지루해진다.

엄마들은 아이가 태어나면 '순서 주고받기'를 놀이 등을 이용하여 의사소통의 순서를 자연스럽게 가르쳐준다. 아이는 내 순서가 오면 반응해야 한다는 가장 기본적인 소통의 주고 받는 원칙을 배우게 되는 것이다.

고객과의 상담 시 고객의 의견을 적극적으로 경청하고 소통을 위한 질문이나 고객의 의견을 물어 보는 것으로 순서 주고받기(Turn-taking)를 활용할 수 있다.

5. 함께 보기 (Joint-attention)

타인의 마음과 시선의 결합인 함께보기(Joint attention)는 시선을 공유한다는 과정이다. 서로 대상, 이념, 생각 등을 공유하기 시작하며 각기 다른 주체가 동일한 경험을 하여 이 과정에서 상호주관성(inter- subjectivity)이 시작되며, 자신의 주의집중의 초점을 다른 사람의 관심에 맞추는 것으로 간단히 말해 다른 사람이 손가락으로 가리키거나 바라보고 있는 곳을 함께 바라보는 것이다. 관심공유 행동이 많을수록 조기의 수용언어와 표현언어 능력이 더 나으며 후의 언어수준도 더 높다.

생후 첫 해 동안에 나타나는 관심공유의 전조는 영아가 양육자의 얼굴을 마주 대하고 쳐다보는 것에서, 사물을 쳐다보는 것으로 발전하고, 나아가 양육자의 관심공유 요청에 반응하는 순으로 나타나는데, 이러한 반응은 18개월쯤 완전히 확립된다.

관심공유는 자신, 타인, 목적물간의 삼자적 관계이다. 정상 발달을 하는 아동은 생후 첫 해 말이면 타인을 향해 목적물을 손가락으로 가리키거나, 목적물로 향하는 타인의 눈길을 점검함으로써 이런 삼자적 상호작용에 참여할 수 있다.

아이가 엄마와 의사소통을 시작할 때 엄마의 반응을 참조하여 자신의 태도나 행동을 결정한다는 의미에서 사회적 참조(Social Referencing)가 시작되는 것이다.

6. 상대관점에서 보기 (Perspective-taking)

상대방의 입장에서 생각하여, 상대방의 입장으로 관점을 바꾸는 것이 상대관점에서 보기(Perspective-taking)이다. '순서 바꾸기'라는 기본능력이 갖춰지면 이제 "관점 바꾸기"라는 기본원리를 익혀야 진정한 의미의 의사소통이 가능해 지며, 상대방의 관점에서 세상을 보는 능력이 생기는 것이다.

남의 입장에서 생각한다는 것은 철학적으로 자기반성, 자기성찰 능력이 있어야 한다. 끊임없이 자신과 이야기 할 수 있어야 하며, 내 안의 또 다른 나를 보는 능력과 다른 사람의 마음을 보는 능력이 심리학적으로 같은 구조이다.

남의 말귀를 못 알아듣고 자기 생각만 고집한는 경우가 있는데 말하는 사람의 입장에서 세상을 보기 않기 때문이다.

최근의 발달 심리학 이론에 의하면 타인의 관점에서 세상을 보는 능력은 네살 이상이면 가능해져 내가 보는 세상과 상대방이 보는 세상이 다르다는 것을 알게 된다고 한다. 그러나 네 살이면 가능한 이 '관점 바꾸기' 능력이 사회적 지위가 높아지면 높아질수록, 하는 일이 성공하면 성공 할수록 사라진다. 과도한 자기 확신으로 인해 타인의 관점이 존재한다는 사실조차 인정하지 않게 되는 것이다.

3장

상대방을 설득하는 심리

1. 상호성의 원칙

다른 사람이 베푼 작은 호의라도 그대로 갚아야 한다는 의무감을 느끼며, 원치 않는 호의에도 빚 진 감정이 생기게 된다.

문화인류학자인 리키는 상호성의 법칙이야말로 인간을 인간답게 만드는 가장 중요한 원천이라고 하였다. 인류의 역사를 자기 혼자 모든 것을 생산하고 소비하는 자급자족의 원시사회로부터 상대방에 대한 신뢰를 바탕으로 한 교역사회라는 새로운 차원으로 도약시켜 '상호부조, 선물교환, 집단 방어, 상호무역'등의 다양하고도 세련된 상호협조 체계들을 발전시켜 오늘날에 이르게 되었기 때문이다.

무료 샘플 제공 이벤트, 체험단 이벤트 참여 캠페인을 통해 소비자에게 먼저 작은 호의를 베풀어 제품을 구입하게 하는 의무감을 주는 것을 상호성의 원칙 사례로 들 수 있으며 또한, 값비싼 선물을 받거나 비싼 저녁을 대접한 사람에게 불편한 의무감을 지게 되어 사람들은 호의를 베푼 이에게 이용당할 가능성이 높아지게 된다.

일보후퇴, 이보 전진 전략(rejection then retreat)

상대방에게 원하는 것이 하나 있다면 상대방에게 원하는 것 이상의 무리한 부탁을 먼저 한다. 물론 상대방은 그 부탁을 거절 할 것이다. 그 때 처음보다는 작지만 원래 원했던 부탁을 한다.

보통 임금 협상에서 많이 볼 수 있다. 이 전략이 효과가 있는 까닭은 상대방이 양보했다는 인상을 주기 때문에 두 번째 요청이 첫 번째와 비교하여 상대적으로 작다면 그 자체로서 커다란 요구라 할지라도 무난히 승낙을 얻어낼 수 있다 것이다.

상대방에게 승낙을 받아내는 확률이 높을 뿐만 아니라 합의된 최종 결과에 대해서 더 책임감을 느끼게 할 수도 있다. 부탁이나 요구를 받은 쪽에서는 상대방을 성공적으로 설득하여 무리한 요구를 포기하게끔 만들었다고 생각하기 때문이다.

대비 효과

미지근한 물은 손을 담그기 전에 뜨거운 물을 만졌는지 차가운 물을 만졌는지에 따라 차갑게 여겨지거나 뜨겁게 여겨질 수 있다.

대비 효과는 여러 분야에서 쓰이는데 미술에는 '상이한 2가지 색이 서로 영향을 끼쳐서 그 상이함이 강조되어 지각(知覺)되는 현상', 영양학에서는 하나의 맛에 대하여 다른 종류의 맛을 소량 가함으로써, 원래의 맛이 강하게 느껴지는 것. 예를 들면 '단팥죽에 설탕으로 단맛을 낼 때 아주 소량의 소금을 가하면 단맛이 강하게 느껴지는 현상'이라 말하고 있다.

심리학적 대비 효과는 우리 인간이 어떤 사람이나 사물에 대해 비교를 할 만한 그 무엇이 있을 때에 판단을 내리기가 쉽다는 것을 뜻한다. 즉, 뭔가 추하고 값싸고 부족한 것을 뒤이어 보여주면 앞에 본 것이 더 아름답다거나 더 값지다거나 더 크다는 식으로 판단한다는 것이다. 1억 원이나 나가는 고급 차를 산 후 카시트를 주문하기 위해 상점에 갔다고 가정해 보았을 때, 판매원이 고급 차에 어울리는 500만 원짜리 가죽시트를 주문하라고 권할 경우, 수락할 가능성이 매우 높다. 1억 원에 비해 500만 원은 푼돈처럼 여겨지기 때문이다.

이런 대비 효과를 잘 이용하는 대표적인 기업이 가방 판매 업체인 코치(Coach)다. 코치는 매장마다 1~2개 정도의 초고가 가방을 배치한다. 엄청나게 비싼 가격을 크고 읽기 쉬운 글씨체로 써서 멋지게 진열한다. 팔려나가면 더 좋겠지만, 사실 팔기 위해 진열하는 건 아니다. 소비자들에게 그 옆에 놓인 가방들이 싸다는 느낌을 주기 위한 대비 효과용 전시품이기 때문이다. 즉, 5,000달러짜리 가방은 매우 비싼 가격이지만, 그 옆에 1만 달러짜리 가방이 놓여 있으면 비교적 싸다는 느낌을 소비자들에게 줄 수 있다는 것이다.

대비 효과는 다양한 유형으로 나타난다. 한 실험에 의하면, 사람들은 식

료품을 살 때 20분을 더 걷더라도 1만 원을 절약할 수 있는 상점을 선택하지만, 145만 원짜리 양복을 144만 원에 살 수 있다고 해서 20분을 더 걸어가겠다고하는 사람은 아무도 없었다고 한다. 20분은 어디까지나 같은 20분이고, 1만원은 어디까지나 같은 1만원이지만, 대비 효과로 인해 그런 차이를 보이는 것이다.

상호성의 법칙에 대항하는 자기방어 전략

호의와 술책을 구분해라!

상호성의 법칙은 너무 광범위하게 작용하기 때문에 일단 활성화되면 영향력에서 벗어나기 쉽지 않다. 따라서, 상대방이 먼저 베푼 호의나 양보를 거절하여 상호성의 법칙이 활성화되는 것을 사전에 방지하면 된다. 또한 상대방의 호의나 양보가 상호성의 법칙을 이용하려는 계획된 행동인지 아니면 순수한 동기에서의 행동인지를 알아내는 것이 중요하다.

2. 일관성의 원칙

어떤 선택을 하거나 입장을 취하게 되면 그러한 선택이나 입장과 일치되게 행동해야 한다는 심리적 부담감을 느끼게 된다. 그 부담감은 우리로 하여금 이전에 취한 선택이나 입장을 정당화하는 방향으로 행동하게 만든다.

일관성의 동기나 일관성 있게 보이고자 하는 동기는 엄청난 사회적 영향력을 발휘하여 우리로 하여금 경우에 따라서는 스스로 이익에 반하는 행동을 하게도 만든다.

가끔 무엇에 대해 깊이 생각하고 싶지 않은 것은 생각하는 것 자체가 힘들고 귀찮기 때문이 아니라, 심사숙고 끝에 내려지는 결론을 두려워하기 때문이다. 한번 선택한 것은 버리기 아깝기 때문에 내가 선택한 상품과 서비스가 최고라고 믿고 싶어 한다.

먼저 제품 구입을 권하고 사용 후 반품을 권하는 마케팅 방법도 일관성의 원칙중 '개입(commitment)'에 해당된다. 어떤 입장을 취하기만 하면 그때부터 결정된 입장에 따라 일관적으로 행동하기 때문이다. 또한 작은 요구로부터 시작하여 결국 커다란 승낙을 얻어 내고자 하는 전략을 '문전 걸치기 기법(The foot in the door technique)'이라 한다.

비만치료센터에서 몸무게 목표를 설정한 뒤 가능한 한 많은 친구, 이웃, 가족에게 공식적으로 선언하게 하여 자신의 선택에 일치되게 행동하게하는 동기를 부여해 주는 것이 일관성의 원칙 활용의 좋은 예이다. 또한, 예약제의 활용을 위해서 고객을 개입 시키는 방법으로는 "변경사항이 있으면 연락해 주시기 바랍니다"가 아니라 "변경사항이 있으면 미리 연락해 주시겠습니까?"라고 물은 뒤 대답을 받는 것이다.

일관성의 법칙에 대항하는 자기 방어전략

처음에 자신이 의도했던 바를 되돌아 본 후, 심사숙고하여 그 선택이나 입장에 개관적인 입장에서의 사고를 해봐야 한다.

3. 사회적 증거의 원칙

상황이 불확실 할 때, 주위사람들의 행동을 관찰함으로써 어떻게 행동하는 것이 가장 적절한 것인가를 결정하게 된다. 다른 사람들이 하는 대로 행동하는 경향은 여러모로 매우 유용하여 다수의 행동은 올바르다고 인정되기 때문이다.

예를 들면, 새로운 식당을 선택 할 때 손님이 많은 집을 선택하게 되거나 블러그(Blog)의 인기도가 큰 영향을 미치는 것이다. 그러나 사회적 증거의 이러한 특성은 장점인 동시에 약점이 되고 있다. 판매 1위 상품, 매진임박 상품등 사회적 증거의 원칙을 이용한 많은 광고 마케팅에 자주 이용되며, '가장 많이 팔린 상품'은 '더 많이' 팔 릴 것이라는 오류를 낳기도 한다.

사회적 증거의 원칙 중 영향력을 끼치는 중요한 것은 유사성(similarity)의 조건이다. 주위의 많은 사람들과 비슷해지고 싶어하며, 주변의 사람들과 이질화 되지 않기 위해 노력하고, 다른 사람의 행동을 바탕으로 자신의 적절한 행동을 결정하기도 한다.

링겔만 효과

흔히 사회적 태만(social loafing)이라고 불리는 링겔만 효과(Ringelmann effect)는 1913년 막스 링겔만(Max Ringelmann)이 발견한 현상으로 집단이 함께하는 과업에 참여하는 사람들이 증가할수록 1인당 기여도는 감소하는 효과를 의미한다. 링겔만은 이를 줄다리기를 통해서 확인했다. 만일 개인이 혼자 낼 수 있는 힘이 100일 경우 집단 구성원 수가 2명이 될 경우에는 총 힘이 200, 10명이 될 경우에는 총 힘이 1000이 되어야 하지만 실제로는 이렇게 되지 않는다는 것이 밝혀졌다. 특히 집단의 구성원 수가 증가하면 증가할수록 개개인이 집단의 과업수행에 기여하는 정도는 감소하는 것이 확인되었다. 즉, 집단 과업을 수행할 때 개인의 공헌도가 분명히 드러나지 않는 상황이나 과업의 결과에 대한 책임감이 분명하지 않은 상황에서 이와 같은 사회적 태만이 발생하기 더 용이해지는 것이다.

방관자 효과

방관자 효과(bystander effect)는 1964년 미국에서 발생한 키티 제노비스 살인사건을 통해 확인된 효과로 주변에 사람이 많을수록 어려운 사람을 돕지 않는 현상을 의미한다. 1964년 3월 새벽에 집에 돌아가던 키티 제노비스는 자신을 따라오던 괴한에게 칼에 찔리는 사고를 당한다. 처음 칼에 찔린 후, 키티 제노비스는 소리를 질러 도움을 요청했고 총 세 번에 걸쳐 칼에 찔리는 시간동안 38명이 그 목소리를 듣고 밖을 내다봤지만 아무도 그녀를 도와주지 않았다. 목격자들은 누군가가 그녀를 도울 것이라고 생각을 했기 때문에 신고를 하지 않았다고 응답했고, 이후 여러 번의 실험을 통해서 방관자 효과가 확인되었다. 실험 결과 일반적으로 어려움에 처한 사람 주위에 사람들이 많을수록 도와줄 확률은 낮으며, 혹여 행동을 한다고 해도 실제 행동에 옮기는 데까지는 시간이 걸린다는 것이 밝혀졌다. 이러한 방관자 효과 역시, 집단속에서 책임감이 분산되어 발생하는 책임감 분산 효과의 일종이라고 할 수 있다.

사회적 증거의 법칙에 대항하는 자기전략

사회적 증거가 제공하는 정보를 따르기만 하면 주어진 상황을 스스로 분석하지 않더라도 어려움 없이 결정을 할 수 있지만, 조작된 사회적 증거에 대해서는 반격을 가해야 하며, 과정상의 오류가 있지는 않는지 다시 한번 되돌아 생각해 보아야 한다.

4. 호감의 원칙

잘 생긴 사람에 대한 반응은 거의 무의식적인, 그리고 자동적인 반응의 형태를 띠고 있다. 사회학자들은 그러한 반응에서 얻어지는 효과를 '후광효과(Halo fect)'라고 하는데, 후광효과란 어떤 사람의 긍정적인 특성 하나가 그 사람 전체를 평가하는데 결정적인 영향을 미친다는 이론이다.

한 연구에 의하면, 잘 생긴 사람은 능력 있고 친절하고 정직하며 머리가 영리할 것으로 연상한다고 한다. 또한 다른 사람을 평가할 때 신체적 매력에 의해 우리의 평가가 영향을 받는다는 사실조차도 인식하지 못한 채 평가하고 있다는 것이다. 또한, 외모가 잘 생긴 사람은 긴급 상황에서도 다른 사람들의 도움을 더 쉽게 얻고 있으며, 청중의 의견을 변화시키는 데도 더욱 설득적이라고 한다. 이 원칙에서 남녀간의 차이는 적용 되지 않는다.

칭찬해 주는 사람을 좋아하는 이유는 행동을 조작하기 위함이라는 것이 너무도 확실할 때를 제외하고는 일반적으로 칭찬하는 말이 진실이라고 믿는 경향이 있으며, 비록 사람들의 칭찬이 명백한 사탕발림일지라도 그러한 말을 하는 사람들을 좋아한다는 것이다.

고객, 친구관계, 직장 상사 등 다양한 인간관계에 있어서 형식적으로 들릴 수 있는 칭찬일지라도 상대방의 기분을 좋게 만드는 데는 성공 할 수 있다. 그러나, 상대방에게 관심을 가지고 진심어린 칭찬을 한다면 신뢰와 함께 긍정적인 이미지를 남길 수 있다.

일관되게 긍정적인 평가를 받은 경우보다 부정적인 평가에서 점차 긍정적인 평가를 받았을 때 상대방에 대한 호감도가 훨씬 높으며, 반대로 처음부터 일관되게 부정적인 평가를 받았을 때 상대방에 대한 호감도가 낮다. 긍정적인 평가 후 바로 부정적인 평가를 하는 것은 뒤의 부정적인 평가가 지속되어 이전의 긍정적인 평가 마져도 왜곡되는 반면, 부정적인 평가 후 바로 긍적인인 평가를 하는 것은 뒤의 긍정적인 평가가 지속됨으로써 이전의 부정적인 평가마저 신뢰할 수 있는 지적으로 인식되기 때문이다.

호감의 법칙에 대항하는 자기 방어전략

영향력을 역이용 하거나 상대방을 필요 이상으로 빨리, 그리고 많이 좋아하게 되었는가를 판단하고 그 사람과 요청을 분리하여 결정하도록 한다.

5. 권위의 원칙

직함은 권위를 대변해 주므로 명함을 이용한 자기 PR(public Relation)이 권위의 원칙에 해당하는 좋은 예이다. 또한, 상 받은 상품, 큰 체구, 높은 직책, 우아한 옷차림에 약하기 때문에 권위 있는 사람은 본래의 키보다 약간 더 크게 보는 경향이 있으며, 옷차림에 따라 대우가 달라지는 것도 이에 해당된다.

권위에 대한 원칙은 우리의 행동에 영향력을 행사하는데 이는 다단계층으로 형성되어 있고 광범위하게 적용된다. 권위의 체계는 우리 사회에도 커다란 영향력을 부여하는데, 권위의 체계를 통해서 우리 사회는 자원의 생산, 교환 그리고 방어에 필요한 복잡하고도 경고한 구조들을 형성할 수 있기 때문이다. 따라서 우리는 어려서부터 적절한 권위에 복종하는 것이 옳은 것이며, 불복종은 잘못된 것이라는 교육을 받고 자라고 있다.

스탠퍼드대학교의 스탠리 밀그램(Stanley Milgram)은 '권위에의 복종'이라는 역사적인 실험을 통해 사람들이 권력에 대해 무조건적으로 복종한다는 것을 보여 주었다. 이 실험에서 참여자들은 실험의 목적을 알지 못한 채, 선생님 역할을 맡게 된다. 참여자들에게 보이지 않는 칸막이 뒤에는 실험 협조자가 학생 역할을 하고 있으며, 참여자들은 칸막이 너머에 있는 학생이 문제를 틀릴 경우 전기충격을 가할 것을 지시받으며, 문제를 틀릴 때마다 전기 충격의 강도를 높이라는 요구를 받는다. 칸막이 너머의 실험 협조자들은 전기 충격이 가해질 때마다 고통스러운 연기를 했으며, 이 소리는 참여자들이 모두 들을 수 있도록 실험실이 설계되었다.

실험 결과, 참여자 대부분이 학생의 괴로운 목소리를 듣고 몇 번 전기 충격을 주고 더 이상 할 수 없다는 의사를 표현했으나, 이때 실험자가 '결과에 대해서 자신이 모두 책임지겠다'는 말을 하자 참가자의 65%가 가할 수 있는 최고치인 450V까지 전기 충격을 가한 것이 확인되었다. 실험이 끝난 후, 참가자들은 왜 전기 충격을 가했느냐는 질문에 '시켜서 했다'는 응답을 했다. 이러한 실험결과는, 집단 상황에서 사람들이 절대적인 권력에 복종하는 것을 간단한 실험을 통해 실제로 검증했다는 것과 동시에, 집단 상황에서는 '책임감 분산' 효과가 발생한다는 것까지도 단적으로 보여 주고 있다.

권위의 원칙 방어전략

먼저 권위의 힘이 크다는 것을 인정해야 한다. 하지만 권위자이거나 배후에 권위자가 있는 것처럼 속여 이용하려는 소수의 사람들도 분명 존재하기에, 사람의 옷차림이나 언행 등으로 판단하지 말고 전문가인가를 살펴보아야 한다. 전문가가 맞다면 그 의견이나 조언이 나의 목적을 해결하기 위한 것인지 아닌지를 분석하고 나의 목적 해결에 도움을 준다면 그 후에 신뢰해도 늦지 않을 것이다.

6. 희소성의 원칙

인간의 욕망은 무한한 데 비하여 이 욕망을 충족시켜 줄 수 있는 경제적 자원은 상대적으로 제한되어 있음을 희소성의 법칙이라고 한다. 쉽게 얻어지지 않는 것은 그렇지 않은 것 보다 상대적으로 더 가치 있다고 여기게 되는 것이다. 브렘(Brehm)에 의해 제기된 이론으로 대상에 대해서 선택의 자유가 제한되거나 위협당하게 되면, 그 자유를 유지하기 위한 동기가 유발되어 우리는 그 자유를 이전 보다 더욱 강렬하게 원하게 된다고 한다. 그리하여 만일 어떤 대상이 점점 희귀해 져서 선택의 자유를 침해하게 되면 그 대상을 이전보다 더 강렬히 소유하고 싶어지려고 하는 심리적 저항을 하게 된다는 것이다. 로미오와 줄리엣 효과(Romeo and Juliet effect)와 같이 둘의 사랑을 반대하는 사람이나 환경이 더 심해질수록 반발 심리와 인지부조화로 인해 애정이 더 깊어지는 현상이 그러하 다.

희소성은 경쟁 심리를 부추기기도 하며, 갑작스런 희귀성이 혁명의 원인이 되기도 한다. 즉 경제적 자원이 희소하기 때문에 사람들은 제한된 자원을 어떻게 사용하는 것이 합리적인지에 관련된 선택의 문제에 직면하게 된다.

합리적 선택은 최소의 비용으로 최대의 효과를 낼 수 있어야한다. 한정된 자원으로 최대한의 효과를 얻고자 하는 것을 '최대효과의 원칙', 일정한 목적을 최소의 자원으로 달성하고자 하는 것을 '최소비용의 원칙'이라 한다. 말 그대로 가장 적은 비용으로 가장 큰 효과를 나타낼 수 있는 선택을 하는 것이다. 즉, 같은 비용이면 높은 효과를 나타내는 대안을 선택 하는 것이며, 같은 효과이면 비용이 적은 대안을 선택하는 것을 의미한다.

희귀성의 원칙에 대항하는 자기 방어 전략

한정 판매나 시간제한에 흥분하지 말고, 득실을 냉정히 따져보아야 한다. 또한, 희귀한 것은 이용가능성이 낮다는 사실을 기억하고 그 선택에 객관적일 필요가 있다.

4장

고객 상담 및 고객 관리 분석

1. 고객 상담

고객이 방문하게 된 경로와 동기를 파악하는 것부터 고객과의 상담이 시작된다. 상담을 통해 고객의 성격과 피부 상태, 신체적 특징을 파악 하고, 피부상담 시 고객의 요구사항에 대해 자세히 알아본다.

고객의 의견을 잘 들어주고 관리의 방법과 절차 등에 대해 설명하며 고객의 이해를 구한다. 또한 일상생활에서의 잘못된 생활습관, 식습관 등의 주의할 점을 조언해 주고 샵 트리트먼트와 홈케어가 병행되어야만 더 큰 효과가 있음을 알려주고, 신뢰감과 자신감을 주어 관리 진행을 관리사에게 편안하게 맡길 수 있도록 한다. 관리 시 진행 사항, 진행 정도를 알려주며 관리사가 고객에게 늘관심을 갖고 존중하고 있다는 것을 표명하며, 관리 후에도 지속적인 방문을 할 수 있도록 유도한다.

고객이 방문하는 첫날엔 30분 이상 여유 있게 상담하도록 하며 본인의 문제를 편안하게 많이 이야기 하도록 유도한다. 기존에 관리는 어떻게 하고 있는지 여부를 체크하고 피부관리실을 다니 경험 및 시기, 병원 관리 경험, 집에서의 자기관리 여부에 대해서도 알아본다.

고객께 직접적으로 거울을 볼 때 가장 신경이 쓰이는 부위라든가, 개선하고싶은 자신만의 문제점 질문하고 피부 예민도, 알레르기 여부, 문제성 피부가 시작된 시기와 정도를 체크한다. 화장품의 올바른 선택에 대해 조언하고 사용방법도 알려준다. 장기적으로 관리한 고객에게 자기 문제점을 파악하게 해주고 자기 점검을 통해 자기 관리를 할 수 있도록 도우며 관리 횟수를 감소시키고 평생 관리의 중요성을 인지시킨다.

공감대 형성

공감(rapport)이란 상담이 잘 이루어질 것인가의 여부를 결정짓는 중요한 요소이다. 이후에 이어지는 상담 또한 원활하게 진행될 수 있도록 반드시 필요한 윤활유와 같은 단계이다.

고객과 공감대 형성하면 공격적인 분위기를 감소시켜 자연스러운 대화를 이끌어 갈 수 있으며, 상담 시간이 단축되고 고객 갈등의 세부적인 상황을 파악하여 갈등 본질을 파악하기 쉽다. 또한 고객이 자신의 속마음을 적극직으로 표현하여 보다 좋은 해결책을 도출 할 수 있으며 상담자가 보다 여유있게 리드해 갈 수 있다.

개방형 대화

고객을 심문하는 것처럼 들리지 않도록 "예"나 "아니오"로 대답할 수 없는 개방적 질문(open-ended questions)을 해야 한다. 상담자는 지시하거나 비판적이지 않으며 고객이 무엇을 이야기하든 격려해야 한다. 탐색하는 데에는 옳거나 틀린 주제가 없으며 질문에 대한 옳거나 틀린 답도 없다. 가능한 개방형 질문을 공식화하기 위하여 상담자는 목적, 초점, 정도, 질문의 객관성에 대하여 생각할 수 있다.

'어떻게(How)', 혹은 '무엇(What)'이란 말로 시작하는 질문들은 긴 설명을 동반하는 반응들을 끌어낸다. 개방형 질문의 예를 들어 보면, "당신의 동료들과 잘 지내고 있습니까?"가 아니라 "당신의 동료들과 당신의 관계에 관해서 좀 더 설명해 주시겠어요?"라고 말하는 것이다.

개방형 질문의 특징

① 짧고 간단해야 한다.

② 여러 개의 질문이 한꺼번에 제시되어서는 안 된다.

"당신은 다음에 무엇을 했으며, 어떻게 느꼈고 그 사람이 느꼈던 것을 무엇이라 생각하나요?" 이것은 내담자의 혼란을 야기 시킬 수 있고, 상호 작용에 제동을 걸 수 있다. 내담자는 우선 반응할 질문이 어떤 것인지 잘 모르고 코너에 몰린 듯 한 느낌을 가질 수 있기 때문이다. 또 내담자는 모든 질문에 반응할 수 없기 때문에 중요한 질문을 무시할 수 있다.

③ 다른 사람에게 진행되고 있는지 내담자가 탐색할 수 있도록 돕기 위해 내담자에게 초점이 유지되어야 하는 것이다. 예를 들어 내담자가 종종

어머니와 다툰다면 어머니의 감정과 사고 “당신의 어머니가 당신에게 그토록 화가 난 이유가 무엇이라 생각하나요?”에 대해여 묻기 보다는 내담자의 감정과 사고 “무엇이 당신을 화나게 만드나요?”에 대하여 물어야 한다. 어머니에 대한 더 많은 이해가 도움이 된다 하더라도 어머니는 코칭 장면에 있지도 않고 코치는 어머니의 일방적인 관점을 얻게 될 경향이 있기 때문이다.

④ 내담자가 현재, 과거의 경험이나 사건에 강한 감정과 반응을 가진다 하더 라도 초점은 과거 대신 현재에 있어야 한다. “당신의 어머니는 당신을 어떻게 대했나요?”보다는 “지금 당신의 어머니가 당신을 어떻게 대한다고 느끼나요?”

개방형 질문의 요령

① 내담자의 탐색을 돕기 위해

“당신은 무엇에 대하여 이야기 하고 싶나요?”

② 명료화하기 위하여 “동정은 정확히 무엇을 의미하는 겁니까?”

③ 내담자가 예를 들도록 하기 위하여 “최근에 일어난 것에 대하여 이야기 해 주세요.”

④ 다양한 사고를 위하여 “그것에 대하여 무슨 생각을 하나요?”

⑤ 감정 “어떻게 느끼나요?”

⑥ 행동 “그 상황에선 당신은 무엇을 했나요?”

⑦ 시제의 다양성

어떤 과거 사건이 현재 상황으로 내담자를 이끌었는지 현재 상황에 무엇이, 누가 포함되는지 내담자가 앞으로 무엇이 일어나기를 기대하는지 질문 할 수 있다.

⑧ 목적의 다양성

내담자가 자신에 대하여 어떻게 생각하고 느끼는지 "그 모욕이 당신에게 어떤 영향을 주었나요?", 다른 사람들에 대하여 "그 싸움 후에 당신의 어머니에 대해서 어떻게 느끼나요?"

개방형 질문의 주의사항

① 같은 유형의 질문을 반복적으로 사용하지 않는다.

② 상담자의 호기심을 만족 시키기 위한 질문을 부적절하게 사용하지 않는다.

③ 대상이나 내용이 생략된 채 표현된 진술은 고객의 이해나 문제 해결에 중요한 단서가 될 수 있으므로, 그 생략된 대상이나 내용에 대하여 질문을 한다. 내담자가 "나는 두려워요"라고 말했다면 누가 두려운지, 얼마나 두려운지, 왜 두려운지, 언제 두려운지, 어디에서 두려웠는지 등 생략된 부분에 대하여 차근차근 질문을 할 수 있어야 한다.

상담 단계별 요령

1단계 : 적극적인 경청

고객이 방문하는 첫날엔 여유 있게 상담하도록 하며 본인의 문제를 편안하게 많이 이야기 하도록 유도하며, 예를 들어 거울을 볼 때 가장 신경이 쓰이는 부위라든가, 개선하고 싶은 자신만의 문제점 등을 편안하게 말할수 있도록 하며, 고객의 이야기를 적극적인 경청을 해주고 있다는 신체적, 언어적 표현을 보여주는 것이 바람직하다.

2단계 : 경청한 내용을 요약

고객으로부터 들은 말을 짧게 요약하여 상담 과정의 불일치와 오해를 예방할수 있고, 고객의 이야기에 경청하고 있음을 알려 줄 수 있다. 가능한 원인발생, 전개, 결과 단계로 전개 순서에 따라 요약하며, 필요하면 질문을 한다.

3단계 : 상대방의 기분을 인정

고객의 감정을 솔직하게 인정하여 상대방에 대한 배려와 존중을 표현하는 단계이다. '충분히 그럴 수 있다'는 감정을 이해하는 피드백으로 고객과 눈을 맞추고, 이야기 사이사이에 고개를 끄덕이며 공감적 메시지를 전달한다. '아~, 정말요?, 그렇군요!, 어머나~, 음~...'

4단계 : 상황 파악을 위한 질문

갈등을 본인 스스로 객관적으로 파악하기는 어려운 것이 일반적이므로 상담자는 고객과의 대화를 통해 갈등의 원인과 전개 과정 등에 대한 세부적인 정보를 얻어낼 수 있는 질문들을 적절하게 던짐으로써 고객의 설명만으로 알기 어려웠던 추가 정보를 얻고, 갈등의 본질에 더욱 가까이 접근할 수 있다.

상담 분위기에 어울리는 질문을 6하 원칙(누가, 언제, 어디서, 무엇을, 어떻게, 왜?)을 지켜 자연스럽게 하며, "예", "아니오"나 단답을 요구하는 질문이나 애매한 표현은 피하는 것이 좋으며, 여러 가지 질문을 이어서 하지 말고 명확한 표현으로 고객의 수준에 맞게 궁금한 사항부터 차근히 질문 하도록 한다.

5단계 : 상대방의 의견을 확인

고객의 생각과 전혀 다른 방향의 해결책을 바로 제시함으로써 상담의 취지를 상실하거나 감소시킬 수도 있다. 따라서 어떤 해결책을 갖고 있다고 할지라도 고객의 의견을 먼저 확인함으로써 더 좋은 해결책을 찾아 낼 수 있는 것이다. 또한 의견을 듣고 그 방법이 내 권한 범위 내에서 처리 가능한지, 또는 수용할 수 있는 사항인지의 여부를 검토 할 수 있다.

의견을 물은 후에도 적극적인 경청을 해야 하며, 즉각적인 피드백은 피하는 것이 좋다.

6단계 : 상담자의 입장 표명

고객과 상담자의 의견이 동일하다면 문제 해결 방안을 도출해 내기 쉽겠지만 그렇지 않다면 확실하게 상담자로서의 입장을 밝히고 이유를 자세하고 분명하게 설명해야 한다. 과도하게 사무적이거나 비난하는 어조의 표현은 주의하여야 한다.

7단계 : 사후조치 사항 결정

갈등 해소를 위해 상담자와 고객이 각각 해야 할 것들을 확실히 결정하는 단계이다. 대화 내용을 정확하게 정리하여 상호 확인하고, 해결 방안에 대한 논의가 길어질 경우, 적절한 선에서의 타협을 시도해야 하며 세부적인 처리 단계를 충분히 숙지하여야 한다. 가능한 고객의 참여를 유도하여 서로 해야 할 일을 행동 중심으로 명확하게 나누어 합의점을 찾아 결정하여 합의 사항에 대해서는 반드시 공감대를 형성한다.

8단계 : 감사 표현

갈등과 관련된 상담을 끝낼 때는 감사의 표현으로 마감하는 것이 바람직하다. 감사의 메시지를 전해 긍정적인 분위기로 상담을 마칠 수 있고, 고객으로부터 신뢰감을 부여 받을 수 있으므로 이미지를 향상시킬 수 있다.

의례적인 표현이 되지 않도록 구체적인 이유를 들어 진실 된 마음을 담아 감사를 전하도록 한다.

전이(Transference)

고객의 감정을 상담자에세 표출시키는 상태를 말한다. 고객은 이제까지 살아오는 동안 그에게 중요한 사람(예를 들면, 부모나 형제 등)에게 지닌 감정을 상담자에게 표현하게 된다. 이 감정은 긍정적이거나 부정적인 감정이며, 고객은 상담자를 그들의 부모나 다른 중요한 사람으로 대체시켜서 생각하는 것이다. 상담자는 전이된 감정을 자신에 대한 감정으로 오해하지 않도록 주의해야 한다. 만약, 상담자가 전이된 감정을 자신에 대한 감정으로 순진하게 생각하고 반응한다면, 상담을 더욱 복잡한 상황으로 끌고 가제 될 것이다.

역전이(Counter-transference)

전이와 반대로 상담자의 감정(부정적이거나 긍정적인 감정)을 고객에게 표현하는 상태이다. 상담자은 사적인 감정이나 해결되지 않은 문제에 대한 감정을 고객에게 표현할 수 있다. 역전이된 감정은 고객의 말과 행동에 따른 감정이라기 보다는 상담자의 주관적인 감정이기 때문에 이 감정들을 직시하고, 주의하여여 한다. 그렇지 않으면, 무의식적으로 상담자의 말과 행동을 지배하고, 통제하게 된다.

2. 고객 관리 분석

고객 관리카드 작성

고객 신상 카드

① 카드 작성 시 직업은 구체적으로 기입하며, 가족상황 및 고객의 특기, 취미 등도 기입한다.

② 사용하고 있는 제품의 종류, 샵 방문의 목적 및 피부 문제점, 질병 등 관리 내용에 도움이 될 만한 모든 사항을 기록한다. 또한, 생일이나 기념일 등을 체크해 두어 축하해 주거나 할인행사나 이벤트에 초대하는 일도 고객관리에서 중요하다.

피부 유형 진단 카드

① 피부에 나타나는 특이사항을 체크한다. 유·수분 정도, 면포, 농포, 구진 등의 피부 문제와 모세혈관 확장 정도 및 점, 주근깨, 기미, 흉터 등의 피부문제들을 구체적으로 기록하여, 종합의견에 맞춰 피부 유형을 기록한다.

② 체형은 어떤 타입인지 유형에 따른 기록을 한다.

고객 피부 관리 기록 카드

① 날짜를 기입 한 후 관리 순서에 따라 사용한 제품명과 사용 기기명, 당일 담당 관리사의 이름을 기록한다.

② 고객이 가정에서도 관리할 수 있도록 전문가적 조언을 기록한다.

③ 관리 전과 후의 모습을 비교할 수 있도록 고객의 사전 동의 후 사진을 찍어 둔다.

고객 관리 분석의 실제

문진법

상담자가 고객에게 질문하고 그 답변의 자료를 통해 분석하는 방법이다.

고객의 연령, 직업, 건강상태, 가족관계, 유전적 문제점, 라이프 스타일(Life Style), 식습관, 운동습관, 피부관리 습관, 사용 중인 화장품, 알레르기 유무, 성격의 특이사항 등의 상담 내용을 기록한다. 피부 증상, 생리주기, 피임방법, 복용중인 약 등 구체적인 사항을 체크하고 고객의 입장에서 쉽게 대답할 수 있도록 편안한 상담을 이끌어 나간다.

촉진법

피부를 직접 만져보거나 눌러보고 집어 봄으로써 판독하는 방법으로 피부 타입을 관찰하고 예민도, 탄력성, 피부두께 및 피부결, 유·수분의 함량을 관찰한다.

견진법

확대경,우드램프등을 이용해 피부색, 피부조직의 입자, 모공의 크기, 피부 투명도, 모세혈관 확장 정도를 체크할 수 있고 피부보습상태, 건조상태, 피지분비상태, 예민도 파악, 여드름 상태 및 색소침착상태 등 문제성 피부를 파악할 수 있다.

기기 분석법

피부 상태를 더욱 면밀히 관찰, 분석할 수 있다.

우드램프

파장 365nm이상의 자외선과 가시광선을 방출하는 수은증기를 봉합한 형광 램프유리에 산화 니켈(Nickel Oxide)을 포함시켜서 눈에 보이지 않는 장파장의 자외선과 청백색의 가시광선 스펙트럼 중 일부만 나오도록 만든 광학 피부분석기로서 피부 표피의 색소참착, 여드름, 피지, 염증, 민감상태, 보습 상태가 다양한 색상으로 나타나며 이를 관찰하여 피부 유형을 파악할 수 있다.

정상피부는 청백색, 지성피부(comedo)는 분홍색, 오렌지색, 노랑색으로 보이며 건성피부는 연보라색, 색소침착은 암갈색이나 갈색, 노화된 각질은 흰색등 피부상태에 따라 다양한 색조로 나타나기 때문에 피부 유형을 분석할 수 있다.

확대경

피부를 3~5배 정도 확대하여 관찰할 수 있는 기기로서 피부분석시 육안으로 관찰하기 어려운 색소침착, 흰 면포, 검은 면포, 미세주름 등을 명확히 판별할 수 있고, 여드름압출 시에 사용한다.

피부분석기

피부 표면의 조직, 두피와 모방 상태를 80~200배 가량 확대하여 관찰 할 수 있는 기기이다. 모니터를 통해 관리 전과 관리 후의 상태를 관찰하고 필요한 영상을 프린터를 통해 사진으로 출력해 낼 수 있다.

유분 · 수분 ph 측정기

피부 표면에 기기의 도자를 접촉시키면 피부 표면의 유분 및 수분과 PH 정도가 수치로 나타나는데 피부 부위별로 기준치에 의해 그 정도를 판독한다.

계절별 피부 분석

봄

겨우내 강한 자외선에 별로 노출될 기회가 없어 방어력이 약해져 피부는 온도나 자극에 민감한 상태이므로 봄철 햇볕에 노출되면 상대적으로 손상받기 쉽다. 또한 겨울의 차가운 공기와 따뜻한 실내의 온도에 의해 건조해진 공기로 피부는 지쳐있다. 공기 중 먼지나 꽃가루 등에 의해 알레르기가 유발된다. 그리고 극심한 일교차로 피지분지가 증가되어 피부 트러블이 쉽게 생길 수 있다. 이 때 유·수분 발란스가 유지되어야 하며 자외선이 강해지므로 자외선 차단제를 발라주고, 눈가와 입술 주변에 잔주름이 생기고 각질이 잘 일어나므로 매일 취침전과 아침 세안 후 에센스나 아이크림을 발라준다. 정기적인 관리로 피부가 거칠어지지 않고 건조해지는 것을 방지해야한다. 이 시기에 소홀히 하면 피부는 탄력을 잃고 잔주름 형성 및 색소침착이 쉽게 일어나게 된다.

가정에서의 관리도 특별히 신경써야할 계절이며 특히 클렌징을 잘하며 피부 청결을 유지하고 보습성분의 화장품을 바르고 신선한 과일과 야채, 채소 섭취와 충분한 휴식을 취한다.

여름

여름철에는 특히 땀을 많이 흘리게 되므로 최소 흘린 땀이나 수분 양만큼의 수분을 보충하여 피부 건조도 예방하고 몸속 수분의 부족상태를 막아주도록 한다. 강한 자외선으로 인해 피부표면의 각질층이 두꺼워지고 높은 온도, 습도로 인해 피부는 땀과 피지를 많이 분비한다. 그리고 검게 그을려진 피부의 표면에 색소침착도 뚜렷하며, 실내의 에어컨 가동으로 실내・외의 기온차가 심해져서 pH 역시 균형을 잃기 쉽다. 또한 땀과 자외선의 영향으로 신진대사 저하되어 세균 번식이 활발해지므로 피부는 지쳐 노화현상이 일어나게 된다. 또한 산화된 피지가 모공에 쌓이고 피부 번들거림이 심해지고 외출에서 돌아오면 바로 세안을 하고 딥클렌징을 규칙적으로 사용한다.

가을

가을은 아침과 낮 그리고 저녁의 일교차가 거지며, 강렬한 잔광괴 건조한 바람으로 피부의 유·수분량이 줄어들어 피부기능 저하와 피부가 거칠고 건조해짐을 느끼게 된다. 따라서, 건조한 실내의 습도를 유지할 수 있도록 가습에 신경을 쓰도록 한다. 여름철의 더위로 인해 균형이 흐트러진 피부는 가을철이 되면 더욱 당기게 되고, 두터워진 각질은 하얗게 일어나고 윤기가 없어진다. 피부가 거칠고 건조한 현상은 피지와 땀의 분비가 줄어들기 때문이고 피부노화를 촉진시키는 원인이 된다. 그리고 피부 당김 현상은 피부의 수분부족으로 잔주름 형성의 원인이 된다.

피부에 수분을 보충하기 위해 충분한 물의 섭취도 중요할뿐더러 묵은 각질을 제거하고 수분을 공급할 수 있도록 수분에센스나 수분크림을 사용하고 주름 방지를 위한 기능성 화장품을 사용하는 것이 좋다.

겨울

기온이 낮아지고 실외의 찬바람, 실내의 건조로 인해 피부가 메마르고 거칠다. 여름 못지않게 자외선이 강한 겨울철에도 SPF 15-25정도의 자외선 차단제를 사용하여 겨울철 색소침착을 예방하며, 탄력 유지를 위해 유·수분 발란스에 신경을 쓴다. 또한 겨울철피부는 모든 기능이 저하되어 있는 상태로 피부 관리 시 기능의 활성화에 목적을 둔다. 기온이 낮아지면 신진대사 저하, 피부의 혈액순환 둔화로 피부가 거칠고 당김이 오며 트기까지 한다. 보온은 물론이고 영양섭취, 유·수분을 많이 함유한 크림에 에센스를 몇 방울 섞어 마사지를 해주고, 수분공급 팩이나 마스크를 한다. 낮은 기온으로 목욕이나 세안 시 뜨거운 물을 사용하기도 하는데 이는 피부에 자극을 주기 때문에 미지근한 물을 사용한다.

3. 고객 상황별 접객 서비스

접객 서비스란 매장의 최일선에서 일하는 근무자로서 손님에게 즐거움과 만족감을 제공하는데 있어서 개개인의 서비스 능력을 향상시켜 고감도의 센스 있는 서비스와 매장 내에서의 업무개선을 통해 업소의 매상을 늘리는 고객 응대 서비스이다.

접객서비스는 다섯 가지 기본 원칙이 있다.

① 인사 - 고객에게 먼저 밝게 인사한다.

② 표정 - 기본적으로 얼굴은 스마일, 목소리도 또한 크기와 억양(tone), 빠르기(tempo)를 조절한다.

③ 용모 - 규정된 복장을 갖추고 청결과 품위를 유지한다.

④ 말씨 - 접객에 어울리는 말씨를 사용하며, 점원들 간의 말씨에도 신경 쓴다.

⑤ 태도 - 공평하고 절도 있는 언동과 적극적이고 긍정적인 자세를 유지한다.

접객서비스의 기본동작

등, 눈, 손, 발, 복장의 자세

① 등 : 등을 곧게 펴고 바른 자세를 유지하며, 턱을 당겨 얼굴을 똑바로 한다.

② 눈 : 시선을 모으고 밝은 표정을 짓고, 고객의 얼굴을 볼 때의 시선은 고객의 넥타이 매듭 부분을 보는 것이 불쾌감을 주지 않는다.

③ 손 : 손을 바르게 모으고 손끝은 쥐며, 손의 위치는 앞에 놓는다.

④ 발 : 발은 모으고 뒤꿈치를 붙이고 똑바로 선다. 이동시 발을 끌지 않는

다.

⑤ 복장 : 복장을 단정히 하고 용모를 체크한다.

서는 법

① 등을 쭉 펴고 턱을 당기고 얼굴은 전면을 바라본다.

② 손은 앞쪽에 단정히 잡는다.

③ 무릎을 펴고 모은다.

④ 발 뒤꿈치를 붙인다.

⑤ 복장을 단정히 하고 미소 짓는다.

걷는 법

① 등을 쫙 펴고 시선은 평행이 되게 한다.

② 보폭은 어깨넓이 정도로 한다

③ 손은 자연스럽게 흔들고 몸 쪽에 붙인다.

④ 양다리의 무릎이 가볍에 스치듯이 일직선상으로 걷는다.

⑤ 손발을 끌지 않는다.

주문, 요청에 대응하는 자세

① 상대와 시선을 맞춘다.

② 등을 곧게 펴고 몸을 약 10도 정도 상대 쪽으로 숙인다.

③ 두 손을 앞에서 모으거나 옆에 붙인다.

④ 묻는 자세에서의 응대용어를 올바르게 사용한다.

고객 안내 자세

① 정면에서 적당한 거리(75~120cm)를 유지한 후 안내한다.

② 고객 안내 시 1m 앞에서 먼저 간다.

③ 앉는 곳을 가리키며 앉기 좋게 의자를 빼준다.

④ 안내 후 뒤를 보이지 말고 물러선다.

셀프 서비스

셀프 서비스제는 고객이 메뉴를 선택한 다음 고객이 직접 운반하거나 이동하여 점포내에서 관리하거나 점포 밖으로 가지고 가서 관리하는 형태를 말한다. 대체로 가격이 저렴하며, 신속하고 간편하게 제공되기 때문에 관리시간이 짧고 고객이 직접 화장품이나 기기를 사용해 볼 수 있다. 또 고객이 점포 내 체류시간이 짧아 홀 내의 테이블이나 의자가 작은 편이다. 점포는 깨끗하고 위생적이며 다소 경쾌한 분위기를 연출하고 있다. 특히 유동인구 다발지역인 1급지에 출점하는 경향이 강하며, 주로 햄버거 류, 샌드위치 류, 치킨 류, 도넛 등의 패스트푸드나 베이커리, 집단급식소, 사내식당, 휴게소에서 많이 활용하고 있으면 최근 피부미용 시장에서도 셀프서비스의 매장들이 늘고 있다.

셀프 서비스의 특징

① server는 고객 스스로이기 때문에 종업원이 최소화되고 인건비가 절약된다.

② 단순하고 간편한 관리 메뉴를 선보여 관리시간이 짧아 고객회전율을 높일 수 있다.

③ 매뉴얼에 의해 작업이 진행되기 때문에 전문 관리사가 많이 필요 없다.

④ 고객에 대한 시간절약과 tip이 필요 없다.

⑤ 가격이 저렴하고 접객서비스가 용이하다.

전화 응대 요령

항상 벨이 3번 울리기 전에 받는다.

가장 많이 걸려오는 전화 내용으로는 가격문의, 클레임, 살롱 위치 문의 등이다. 따라서 가급적 벨이 3번 이상 울리기 전에 받고 살롱 전화는 장시간 통화하지 않는 것이 좋다. 또한 전화기 주변에는 간단히 메모 할 수 있는 문구류를 비치하는 것이 좋다.

전화 벨소리나 통화 대기음은 살롱의 이미지를 대변해 줄 수 있는 자동 안내멘트를 통해 고객의 지루함을 덜고 이미지를 각인 시킨다.

통화가 시작되면 바로 살롱명과 전화 받는 사람의 직급과 이름을 정확하게 밝히어 고객과의 신뢰도를 높인다. 친절하지만 정확한 발음으로 속도에 유의하며 응대한다.

전화를 늦게 받았을 경우

전화응대는 보이지 않는 고객과 살롱간의 연결이므로 장시간 통화중이거나 벨이 4번 이상 울렸는데도 전화를 받지 않을 경우 고객은 매우 불쾌해 할 수 있다. '늦게 받아 죄송합니다'또는 '기다리시게 해서 죄송합니다' 등의 사과로 고객의 불쾌한 마음을 진정시킨다.

전화를 끊을 때

전화 받은 사람이 필요한 말만 다하고, 마치 고객의 말이 끝나기도 전에 수화기를 내려놓는 경우는 불쾌감을 주고, 불친절한 이미지를 각인 시킨다.

상대방이 먼저 끊는 것을 확인하고, 2~3초 뒤에 종료 버튼을 누르거나 수화기를 살짝 내려 놓는다.

위치 문의에 대한 응대

매장의 위치를 물어보는 경우에는 대개 최초 방문자일 가능성이 높으므로 대중교통, 자가용, 도보 등 각각의 경우에 미리 대비하여 인근 유명 명소나 건물 등 매장 주변 시설물에 대해 사전에 숙지하는 것이 좋다. 직원 누구나 활용하기 용이하도록 카운터 주변에 각각의 교통 정보를 비치한다.

매장의 위치 설명은 미리 적어 놓은 대중 교통편과 차량 이동 경로를 차근차근 설명하거나, 고객의 핸드폰 번호를 물어본 뒤 메시지로 매장 주소를 전송 한다.

관리 가격 문의

카운터 주변에 살롱 메뉴판을 놓고, 관리별 가격 정보를 설명한다. 고객과 직접 상담을 해야 고객의 만족도를 높일 수 있으므로 살롱으로의 방문을 권유하고 약속 시간을 예약한다.

고객이 방문하였을 경우 별도의 상담 공간을 마련하여 고객에게 맞는 맞춤 관리 서비스에 대한 정보와 가격을 상세히 설명한다.

휴일, 영업 시간, 특정 직원의 휴무 안내

기본 영업 시간을 고객에게 설명하되, 몇 시까지 오면 관리가 가능한지 관리가 소요되는 시간등을 고객에게 설명하고, 고객이 찾은 관리사가 있으면 직접 상담 할 수 있도록 연결해준다. 살롱의 근무 규정을 숙지하고, 사전 직원 근무 편성표를 참조하여 설명한다.

기타 본인이 잘 모를 경우나 본인이 판단할 수 없는 경우

수신자가 모르거나 설명이 부족한 분야에 대해 불충분한 설명을 하기 보다는 설명 가능한 직원 또는 상사(관리자)를 고객과 직접 연결하는 것이 좋다. 단, 고객과 연결되기 전에 직원간의 충분한 사전 설명을 전달하여 고객이 두 번 반복하여 똑같은 상담을 하지 않도록 하며, 직원 간의 대화가 고객에게 전화상으로 전달되지 않도록 통화대기 버튼을 눌러 확인한다.

"고객님 죄송합니다만, 잠시만 기다려 주십시오. 다른 분을 연결해 드리겠습니다."

5장

고객 컴플레인 상담

1. 고객 컴플레인과 대처 요령

컴플레인의 정의와 발생 원인

컴플레인(Complain)이란?

고객이 상품을 구매하는 과정에서 또는 구매한 상품(서비스)에 관하여 품질, 서비스, 불량 등을 이유로 고객의 주관적인 부분을 포함한 불만을 제기하는 것이다.

클레임(Claim)

객관적인 사실에 대한 문제제기 또는 소송, 분쟁, 의견 제안 등 상대방의 잘못된 행위에 대한 시정을 요구하는 것이다.
클레임의 경우는 고객의 요구를 잘처리했느냐 못했느냐에 따라 컴플레인으로 발전할 수도 있다. 반면 컴플레인은 빠른 사과와 신속한 일처리가 동반되면 클레임으로 이어지는 경우는 드물다.

컴플레인의 발생 원인

두 측면으로 나눠 볼 수 있는데, 판매자 측 원인과 고객 측 원인이 있다. 판매자 측 원인으로는 교환이나 환불을 회피하려 하거나 당연한 고객의 요구를 무시할 때 발생하고, 제품관리 소홀이나 무성의한 고객대응 태도 등 일 처리의 미숙이 대부분이며, 고객 측 원인으로 상품(서비스)에 대해 고객이 만족을 못하거나 기대수준에 미치지 못할 경우 및 나쁜 경험(불친한 서비스, 상품 구입 후 불량, 편의 시설에 따른 이용 불편, A/S 및 배달에 대한 약속 불이행, 가격, 광고, 분실 등)이나 기억의 착오와 할인의 구실을 찾기 위한 고의성 등이다.

컴플레인의 처리 방법

컴플레인 처리의 '존 굿맨(John Goodman)의 법칙'

컴플레인 상황시 고객은 일반적으로 화가 나 있다는 점에 유의하여 정중히 사과하고, 이의를 제기한 원인부터 파악한다. 고객과 논쟁이 일어나 지 않는 것을 원칙으로 가능한 빠른 시간 내에 해결하는 것이 회사 입장에서도 좋다.

기업은 고객의 컴플레인을 잘 처리하는 것이 매우 중요하며, 고객 불만을 잘 처리하면 고객의 충성도가 올라가지만 그렇지 못하면 고객이 이탈하기 쉽다. 고객이 상품(서비스)을 평소에 잘 이용하며 아무런 문제를 느끼지 못한 상황에서는 10% 정도의 재방문율을 보이지만 불만사항을 말하려고 온 고객에게 기업이 진지하게 대응하게 되면 고객의 65%가 매장을 다시 방문한다는 것이다. 다시 말해, 고객이 직원의 대응을 충분히 이해했을 경우 오히려 고객 불만이 나타나지 않았던 때보다 재방문율이 높아진다. 이를 '존 굿맨의 법칙'이라 한다.

존 굿맨(John Goodman)의 법칙

제1법칙 : 자신의 불만을 해결하여 만족하게 된 고객은 불만을 갖고 있지만 토로하지 않는 고객에 비해 동일 브랜드를 재구입할 가능성이 매우 높다.

제2법칙 : 고충 처리에 불만을 품은 고객의 비우호적인 소문의 영향은 만족한 고객의 호의적인 소문의 영향에 비해 두 배나 강하게 판매를 방해한다.

제3법칙 : 소비자 교육을 받은 고객은 기업에 대한 신뢰도가 높아 호의적인 소문의 파급효과가 기대될 뿐 아니라 상품의 구입의도가 높아져 시장 확대에 공헌한다.

컴플레인의 처리 '3변 주의'

컴플레인 상황시 혼자서 해결하려 하지 말고 윗사람과 상의하여 해결방안을 모색하면 더 좋은 결과를 얻을 수가 있고, 장소나 시간에 변화를 주므로써 원만한 해결책을 얻을 수도 있다. 사람, 장소, 시간을 바꾸어 컴플레인을 처리하는 방법을 '3변 주의'라고 한다.

3변 주의

사람을 바꾼다 : 원칙적으로 문제는 당사자가 해결하는 것이나 경험이 많은 상사나 선임 직원에게 컴플레인 내용을 전달하여 인계함으로써 객관적인 관점으로 컴플레인 사항을 재조명할 수 있고, 고객의 입장에서는 문제를 해결해 줄 수 있는 사람의 권위의 변화에 따라 해결 방안에 대한 기대심이 생길 수 있다. 단, 고객이 상사에게 불만사항을 두 번 반복하여 더욱 화나지 않도록 사전에 가감없이 객관적인 전달을 통해 문제 해결을 돕도록 한다.

장소를 바꾼다 : 긴 시간이 요구되거나 다른 고객에게 영향을 미칠 수 있으므로 조용하게 대화를 나눌 수 있는 매장 내의 독립된 공간이나 외부 장소를 이용한다.
서서 이야기 하는 것보다는 앉게 해서 고객을 진정시키는 것이 좋으며, 차나 음료를 제공하여 잠시 고객에게 화를 가라앉히고 해결의 실마리를 찾을 수 있는 시간을 준다.

시간을 바꾼다 : 즉각 적인 답을 피하고 냉각 기간을 둔다. 해결방안을 더 자세히 알아보고자 잠시 후 또는 다른 날짜로 약속을 잡는 것도 좋으며, 고객에게 꼭 중간 처리 내용을 피드백 하도록 하며, 성의있고 정확한 일처리를 위한 방법으로 활용 되어야 한다.

컴플레인 처리의 단계

1단계 : 고객의 컴플레인 내용과 원인에 대한 정보수집

고객의 주장을 상세히 듣고 문제점을 메모하며, 문제 발생에 대한 사과를 한다. 상담자는 고객의 입장을 이해해야 하며, 컴플레인 내용을 거역하지 말며, 논쟁은 피해야 한다.

2단계 : 고객의 컴플레인의 원인을 분석

컴플레인에 대한 사실 확인과 문제점을 파악하고, 전례를 비교하며 객관적인 사실을 조명하며 원인을 확인한다. 상담자의 의견이나 평가는 넣지 않도록 하며, 고객의 잘못을 거론 하지 않는다.

3단계 : 해결책을 검토

회사의 방침이나 해결의 방안을 설정하고, 고객요구 사항에 대한 파악과 회사 정책의 적합 여부를 검토하여 만족할 만한 해결방안을 모색한다.

4단계 : 고객에게 해결책 제안

상담자의 권한 내의 문제라면 즉각 처리하고, 권한 밖의 문제라면 회사의 상사나 책임자에게 처리를 의뢰하며, 만족스런 해결방안을 결정하고 이를 제시하도록 한다.

5단계 : 처리 결과를 검토

고객의 만족도를 확인하며 결과를 재검토한다. 재발 방지를 위한 대책을 강화하며 판매 촉진으로의 영향 또한 검토해야 한다.

컴플레인 행동 강령

먼저 사과한다.

"죄송합니다."

이 한마디는 불만고객 응대의 가장 기본이며, 고객에게 협조를 구하기 위한 중요한 포인트이다.

"미안합니다."보다 한 단계 높은 사과의 표현으로 일단 정중하게 먼저 사과하여 고객의 감정을 진정시킨다.

고객의 말에 동조해 가면서 끝까지 충분히 듣는다.

고객의 말을 끊지 않도록 주의하며, 고객과 대립의 상황이 아니라 고객의 불만을 이해하고 함께 어려움을 걱정하고 있다는 공감을 표시하며 문제 파악을 위해 숨은 요인을 찾는다. 고객의 입장에서 진심으로 듣지 않는다면 고객은 더욱 강도 높은 불쾌감을 표현할 수도 있다.

논쟁이나 변명은 피한다.

고객이 잘못 알고 있거나 우리가 정당하다 할지라도 회사 규정만을 내세워 변명하여 고객의 노여움을 사지 않도록 하며, 고객에게 해결책을 제안하고 고객의 동의를 구해 방안을 결정한다.

감정적 표현이나 노출을 피하고 냉정하게 검토한다.

화가 난 고객과 정면으로 대치하게 되면 도전적인 인상을 줄 수 있으므로, 나란히 서서 자연스럽게 고객의 편에서 편안한 분위기를 만든다. 목소리 톤은 낮게 천천히 이야기하며 신중한 단어를 선택함으로 실수를 줄이고 성실히 대응하는 이미지를 줄 수 있다.

설명은 사실을 바탕으로 명확하게 한다.

먼저 고객에게 대안을 제시할 수 있도록 한다. 고객의 요구를 다 받아 들이지 못할 경우 실현 가능한 최선의 대안을 사실을 바탕으로 명확하게 제시해 준다. 이 경우에도 다시 한번 고객에게 사과의 말을 한 후 고객과 적절한 합의점을 찾아낸다.

고객과 합의한 대안을 성실히 실천한다.

고객과의 약속을 성실히 이행한 후 이행 과정과 불만 사항의 해결책에 대한 불편사항은 없었는지, 만족했는지에 대해 확인하는 절차가 필요하다. 또한 향후 동일한 고객 불만이 발생하지 않도록 내부적인 대책을 논의한다.

6장

광고와 소비자 심리 마케팅

1. 광고와 소비자 심리

광고의 정의

Advertising, Advertisement는 라틴어의 'adverter(돌아보게 하다, 주위를 돌리다)'라는 말에서 기원했다. 소비자에게 영향을 미치거나 설득하기 위하여 대중매체를 이용하는 유료(有料)의 의사전달 행위이다.

광고는 설득의 가장 두드러진 형태의 대중매체로 인간의 '심리'를 제대로 이해할 필요가 있으며, 심리학적인 지식이 적용 되고 있다.

광고의 기능

① 제품홍보를 하여 광고에 의한 유효수요에 따라 소비성향을 증가시키고, 유통효율 향상, 제품의 대량생산을 가능하게 한다.

② 광고를 통한 기존 제품이나 신제품의 인지도를 향상 시키고 호감을 불러 일으켜 구매를 유도한다.

③ 충성스러운 고객 유지와 고객의 상실 방지, 새로운 고객 획득을 할 수 있다.

④ 기업의 제품 또는 브랜드를 확인시킬 수 있고, 경쟁사와의 차별화를 통해 경쟁 브랜드 간에 공정한 경쟁을 유도한다.

광고의 종류

상업광고, 비상업광고 크게 두 가지로 나뉜다.

① 상업광고는 상품광고, 소매광고, 기업광고, 거래광고 등 네 가지로 구분할 수 있다.

첫 번째 상품광고는 특정 상품의 명칭, 특징이나 매력을 소구하는 광고로 상품 자체를 통해 광고 수용자를 자극하며 전국에 흩어져 있는 소비자를 대상으로 하는 광고이다. 두 번째 소매광고는 소매점들이 자기 상업권 범위 내를 커버하는 광고이다. 세 번째 기업광고는 상품이나 용역을 제공하고 있는 기업이나 조직 또는 기관에 대한 좋은 이미지를 조성하고자 하는 목적으로 제작된 광고이다. 네 번째 거래광고는 전국 광고주가 자사 제품을 소매업자 도매업자 혹은 유통 업자에게 소개하기 위해 제작된 광고가 거래광고이다.

② 비상업광고는 공익광고, 논설광고, 정치광고등 세 가지로 구분 할 수 있다.

첫 번째 공익광고는 공중의 관심이 있는 공공 문제에 관한 정보를 전달하는 광고가 공익광고인데, 간혹 공공봉사 광고라고 불리기도 한다. 두 번째 논설광고는 논의나 논쟁 따위의 중심이 되는 문제점에 대하여 특정 관점 내지 주장을 나서서 주장하는 광고이다. 세 번째 정치광고는 선거 캠페인에서 후보자들이 자신의 정치에 관한 의견이나 견해를 발표하거나 홍보하고 자신의 이미지를 높이기 위해서 사용 되거나 혹은 정당의 정책을 홍보하기 위해서 제작 된 광고이다.

광고 매체에 따른 분류

① 방송광고 : TV광고 / 라디오 광고

② 인쇄광고 : 신문광고 / 잡지광고 / 무가지 광고

③ 뉴미디어 광고 : 케이블광고 / 인터넷광고 / DMB광고 / IP TV ...

④ 옥외광고(집 바깥 또는 매체) : 전광판 광고 / 지주형 야립광고(고속도로)

⑤ DM광고 : E-mail / TM

2. 소비자 심리 마케팅

AIDMA 법칙

AIDMA(아이드마)법칙이란 광고 수용자가 광고에 노출된 후 거치게 되는 5가지 구매 심리 과정으로 인간이 소비행동을 일으킬 때까지의 과정을 말한다. 어떤 상품이 소비자의 눈에 띄어 구매되기까지 다섯 단계의 과정을 소비자가 통과하게 된다는 이론으로 주목(Attention), 흥미(Interest), 욕구(Desire), 기억(Memory), 행동(Action)의 구매하고 싶다는 욕구를 가지게 되며 이를 기억하여 제품을 구매행동으로 진행되는 과정이다.

광고에 있어서 심리적으로 어떤 자극에 대해 사람들은 주목(Attention)하는가, 욕구(Desire)로 전환되는 계기는 무엇인가, 이것을 행위(Action)로 나타내기 위해서는 무엇을 어떻게 하는가. 여기서 기억(Memory)을 포함시켜 AIDMA 모델(Model)이 되었다.

1단계 : Attention(주목) → 2단계 : Interest(흥미) →
3단계 : Desire(욕구) → 4단계 : Memory(기억) →
5단계 : Action(행동)

1단계 : 'Attention' 단계에 적용할 수 있는 소비자 심리이론

초기 단계인 'Attention' 단계에서는 광고 내용이나 상품이 눈에 잘 띄어서 얼마나 인상이 강한 광고를 하는가가 중요한 역할을 한다. 인상이 강한 광고일수록 고객의 주의를 집중시킬 수 있기 때문이다. 특히 지명도가 낮은 신제품의 경우 인지도를 높이는 무엇보다 중요하다.

밴드 웨건효과(Band wagon Effect)

유행에 따라 상품을 구입하는 소비현상을 뜻하는 경제용어로, 곡예나 퍼레이드의 맨 앞에서 행렬을 선도하는 악대차(樂隊車)가 사람들의 관심을 끄는 효과를 내는 데에서 유래한다. 특정 상품에 대한 어떤 사람의 수요가 다른 사람들의 수요에 의해 영향을 받는 심리마케팅으로, 편승효과 또는 밴드 웨건(band wagon)효과라한다.

밴드 웨건은 악대를 선두에 세우고 다니는 운송수단으로 요란한 음악을 연주하여 사람들을 모았으며, 금광이 발견되었다는 소식을 들으면 많은 사람들을 이끌고 몰려갔다. 이러한 현상을 기업에서는 충동구매를 유도 하는 마케팅 활동으로 활용한다. 드라마 속 PPL(Product in PLacement)은 영화나 드라마 속에 소품으로 등장하는 상품을 일컫는 것으로 브랜드 명이 보이는 상품뿐만 아니라 이미지, 명칭 등을 노출시켜 관객들에게 홍보하는 밴드 웨건 효과에 해당되는 광고마케팅 전략이다.

대조 효과(Contrast Effect)

두 사물이 차례로 제시 되었을 때 처음에 제시된 사물을 기준으로, 나중에 제시된 사물과 처음에 제시된 사물과의 차이를 실제 차이보다 크게 인식하는 현상이다. 즉, 고가의 상품을 먼저 본 후 더 저렴한 상품을 보았을 때 보통 때 같으면 사지 않았을 상품을 구입하게 되는 것으로 비싼 상품부터 차례로 보여주면서 매출을 극대화하는 심리 전략이다. 회원 등급에 따라 제공하는 서비스에 차별을 두어 비교 효과를 극대화하거나 극적인 사례의 영상물을 제시하는 보험 광고 등이 있다.

후광효과(Halo Effect)

한 가지 좋은 특성으로 인해 다른 점까지 모두 좋을 것이라 예측하는 현상으로 사람이나 사물 등 일정한 대상을 평가할 때 그 대상의 본질과 관계가 없는 것으로 그 대상을 평가한다든지, 평가 대상의 극히 일부의 특징을 가지고 전체를 평가할 때 나타나는 심리효과이다. 이미지 좋고, 인지도 높은 스타를 광고모델로 발탁해 후광 효과를 기대하며, 광고모델의 후광효과로 인해 그 제품은 주목을 받을 뿐만 아니라 이미지도 좋아 질 수 있다.

2단계 : 'Interest' 단계에 적용할 수 있는 소비자 심리이론

'Interest' 단계에서는 소비자들을 매혹시키기 위해 제품이나 서비스에 흥미나 관심을 일으킬 수 있는 광고 전략을 구축해야 한다. 단순한 호기심이 아닌 소비자들에게 만족감을 제시하고 자연스럽게 유인할 수 있는 다양한 마케팅이 필요하다.

코즈 마케팅(Cause Marketing)

'Cause'가 '대의명분'의 뜻으로 소비자에게 가치 있는 이익 추구를 통해 선행의 만족감을 주어 착한 소비를 유도하는 심리 마케팅이다. 기업이 소비자에게 사회적 공헌을 할 수 있는 기회를 주고, 소비자는 소비에 대한 명분을 얻고, 기업은 사익과 공익을 얻게 된다. 그러나, 기업은 사회공헌과 유사하지만 목적에서 다소 차이가 있다.

일대일 기부하는 방식으로 신발을 하나 구매하면 아프리카 어린이들에게 신발을 하나 선물할 수 있는 탐스 슈즈(TOMS Shose)의 마케팅, 콜라를 구매할때마다 일정 금액이 멸종위기에 놓인 북극곰을 위해 기부되는 방식의 코카콜라(Coca Cola)의 마케팅, 소비자가 미네워터를 계산 할 때, 병에 있는 물방울 바코드를 한번 더 찍으면 소비자가 가격에서 100원을 더 내고, 기업도 100원씩 기부할 수 있도록한 우리나라의 CJ 제일제당의 미네워터 바코드롭 캠페인 등이 있다.

초두효과(Primacy Effect)

상반되는 정보가 시간 간격을 두고 주어지면 정보처리과정에서 처음 제시된 정보가 나중에 제시된 정보보다 기억에 더 큰 영향을 주는 현상으로 사람 혹은 사물에 대한 이미지 형성 초기에 얻은 정보를 바탕으로 일어나는 심리현상이다. 인상 형성에서 첫인상이 중요하다는 말은, 첫인상은 나중에 들어오는 정보를 해석하는 기준으로 작용하기 때문이다. 이와 반대현상으로는 빈발효과(Frequency Effect)가 있는데, 첫인상이 나쁘더라도 반복해서 제시되는 행동이나 태도 등에서 첫인상과는 달리 진솔한 모습을 보이게 되면 점차 좋은 인상으로 바뀌는 현상을 말한다.

초두효과의 마케팅으로는 카달로그형 확장 배너 광고나 온라인 쇼핑몰 홈페이지에서 첫 화면에 세일에 대한 명확한 정보를 제공하여 소비자를 유인하는 것이다.

텐션 리덕션(Tension Reduction)

위기가 앞에 있으면 긴장을 하게 되는데 그 때 집중력이 높아져 자신을 제어하게 되고, 이 긴장의 위기가 지나가면서 무방비 상태가 되는 현상이다. 상품을 산 후 고객이 무방비 상태가 되었을 때 다른 상품을 권하는 방법의 마케팅이다.

3단계 : 'Desire' 단계에 적용할 수 있는 소비자 심리이론

'Desire' 단계는 소비자에게 제품이나 서비스를 구입하고 싶어하는 잠재의식이 존재하는 단계이다. 이 단계에서는 소비자들의 구매 욕망을 불러일으킬 수 있도록 소비자의 오감을 만족시킬 수 있는 전략이 필요하다.

샤워효과(Shower Effect)

샤워기의 물줄기가 위에서 아래로 떨어지는 것을 빗대어 만든 용어로, 위층에 소비자들을 유인할 수 있는 상품을 배치해 위층의 고객 집객 효과가 아래층까지 영향을 미쳐 백화점 전체의 매출이 상승하는 효과이다.

백화점이나 대형 쇼핑몰 매장의 맨 위층으로 소비자들이 모이게 유도하면 소비자들이 자연스럽게 아래층의 매장들을 둘러보며 내려오면서 계획하지 않았던 구매를 하게 되어 매출이 상승하는 효과를 일컫는다. 대형 쇼핑몰들은 대부분 영화관을 맨 위층에 배치시킴으로써 영화가 끝난 후 사람들이 한꺼번에 엘리베이터를 이용하지 못해 에스컬레이터를 타고 내려오도록 하여 다른 층의 매장들로 자연스럽게 유도 한다.

동조현상(Confirmity Phenomenon)

다른 사람의 주장이나 행동에 대해서 동화 시키거나 편승하는 것을 말한다. 집단 동조효과는 집단이 클수록 더 크게 나타나고, 개인의 개성을 중시하는 문화보다는 집단을 중시하는 문화에서 더 많이 나타난다.

관광 명소의 인파에 따라 정신이 흥분 상태에 이르게 될 때 그와 같은 심리가 구입을 촉진하게 된다는 심리현상이다.

희소성의 법칙(Law of scarcity)

일반적으로 쉽게 얻어지지 않는 것은 상대적으로 그 가치가 높다는 인식이 잠재되어 있으므로, 제조업자는 희소성 있는 고급 상품을 만들기 위해 애쓰고, 소비자들은 남들이 갖지 못하는 단 하나만의 특별한 상품을 소유하고자 한다.

욕구에 비해 충족할 수 있는 재화(상품, 서비스)가 상대적으로 부족한 상태가 지속적으로 나타나는 현상으로 희소성은 사람의 마음을 움직이게 하고, 가격도 움직이며, 구매의 우선 순위도 바꾸어 놓는다. 따라서, 기업은 한정판 제품 판매와 선착순 경품증정을 통한 이벤트 참여 유도한다.

4단계 : 'Memory' 단계에 적용할 수 있는 소비자 심리이론

'Memory'는 소비자들이 무엇인가를 계기로 제품이나 서비스를 구입하기 위해 기억해내는 단계이다. 소비자들의 잠재의식 속에 있는 구매의도를 끄집어내기 위한 계기를 만들어주는 것이 중요하다.

샤르팡티에 효과(Charpentier Effect)

같은 무게를 가진 물체 중 크기가 더 큰 쪽이 가볍다고 느껴지는 심리현상으로 비교 테크닉을 이용해 상품에 적용시켜 기존 고객의 새로운 구매를 촉진하거나, 신규고객을 유입시킬 수 있는 심리마케팅이다.

상품에 변화가 있거나, 새로운 버전으로 업데이트를 했다면 어디가 어떻게 달라졌는지를 보여주는 데 있어 매우 좋은 수단으로 사용되며, 자동차 회사의 '비교광고'나 미샤의 비교품평 캠페인 등이 있다.

자이언스 효과(Zajons Effect)

접촉 횟수가 증가함에 따라 친근감이나 호의가 올라가는 심리현상으로 다양한 유입경로를 확보하는 캠페인이나 집밖에서 접촉하는 모든 상업성 광고매체의 옥외광고(OOH; Out-of-home AD) 등이 있다.

미끼효과(Bait Effect)

사전에 제시된 특가품에 따라 구매를 결정하는 심리적인 장벽이 무너지는 현상으로 원가보다 싸게 팔거나 시중가보다 저렴한 가격에 파는 미끼상품을 이용한 심리마케팅이다. 이 미끼가 되는 특가품을 설정하는 일은 '처음에는 손해를 보더라도 이를 바탕으로 더 큰 이익을 얻는'것이 아니라, '손해도 보지 않고 이익을 얻는 전략'이다.

5단계 : 'Action' 단계에 적용할 수 있는 소비자 심리이론

'Action'는 해당 제품이나 서비스를 기억해내어 구입하는 것으로, 소비자 구매행동의 마지막 단계이다. 특정한 계기가 있으면 그것을 기억해 내어 구매행동으로 옮기기는 과정이므로, 자극을 통해 구매로 이끌어내는 것이 가장 중요하다.

상기집합(Considerate Set)

다양한 상품들이 즐비한 곳에서 특정 제품을 떠올릴 수 있도록 하는 것으로 소비자가 특정분야나 영역에서 떠올리는 상품을 가리킨다. 상기집합에 포함되지 못한 상품은 다양한 종류의 상품들이 즐비한 백화점이나 슈퍼마켓에서는 팔리는데 어려움이 있다.

Harry's Bar 프로모션, 대형 포털활용 및 주목도 높은 지면을 활용한 광고 등이 있다.

리플레밍 효과

자극적인 수치를 사용하여 강한 정보를 주는 것으로, 같은 수치라 하더라도 그 사람의 경험과 지식, 그때그때의 상황에 따라 같은 데이터라도 받아들이는 방식이 달라지는 심리 현상이다.

컵에 물이 반 정도 차있는 경우, 사람에 따라서 물이 많다고 느끼기도 하고, 적다고 느끼기도 하는데, 이는 물건이나 서비스를 판매하는 경우에 많이 적용될 수 있다. 소셜 쇼핑 사이트의 가격정보의 사전정보를 가지고 사람과 그렇지 않은 사람에 따라 받아들이는 방식이 달라진다.

에스컬레이터 효과(Escalator Effect)

정지된 에스컬레이터에 발을 내딛는 순간, 정지한 상태임을 알고는 있어도 몸이 앞으로 기우는 것 같다거나 발이 무거워진 듯한 느낌을 받는 심리 현상이다.

동영상을 이용하여 주목도를 확보하거나 게이트 비전 광고, 옥외 디지털 및 게이트 비전 등을 통해 주목도를 확보하는 변신하는 옥외 디지털 캠페인 등이 있다.

상호성의 법칙

작은 것이라도 다른 사람이 호의를 베풀면 이를 그대로 갚아야 한다는 의무감이 생기는 심리현상으로 남에게 받은 호의는 결코 공짜가 아니라 미래에 갚아야 할 빚이라고 생각하게 되는 것이다.

APP 다운로드 유도 및 경품 지급 이벤트나 무료 테스트 샘플, 체험단 무료 이벤트 참여 캠페인 등이 있다.

3. 미용사회 인테리어의 심리 마케팅

인포메이션(Information)

고객과의 첫 만남이 이루어지는 장소이며, 고객의 입장과 퇴실 시 반드시 거쳐야 하는 중요한 장소이다. 사람에게서 첫 인상이 중요하듯 살롱의 이미지, 더 나아가서 사업의 성패를 가르는 진실의 순간(MOT: Moment of Truth)이 이루어지는 첫 번째 공간이다.

고객 방문 시 등록과 접수가 이루어지고, 퇴실 시에는 계산업무나 다음 예약일정을 주로 담당하며, 고객 등록용 컴퓨터와 금전 출납, 고객 접수 양식 등 살롱 전체를 통제하는 중요한 곳이기도 하다. 따라서, 출입구와 가깝게 위치하여 고객 방문이 용이하도록 해야하며, 살롱 전반에 걸친 오퍼레이팅이 가능해야 하고, 시야가 확보되어야 한다. 또한 고객의 관리 결재가 이루어지는 공간이므로 인포메이션 뒤편과 주변에는 고객들이 가장 선호하는 제품 등을 비치하거나 고객의 접근성을 높이는 것이 효과적이며 데스크 안쪽에는 의자를 비치하지 않아서 고객을 접객하게 되면 MOT를 줄일 수 있도록 한다.

상담실

체계적인 상담을 할 수 있도록 상담실은 따로 독립적인 공간으로 분리하는 것이 좋으며, 상담실은 고객 상담이 용이하도록 테이블에는 간단한 유·수분 측정기를 비치하고 사전 체지방 측정기, 피부 진단기, 기타 식습관을 알 수 있는 프로그램을 도입하여 고객과 상담하고, 관리 상황을 단계별로 분석하여 체계적인 상담을 진행할 수 있도록 한다. 고객 상담 시 관리 프로그램과 제품에 대한 충분한 이해와 설명이 전달되어야 관리 전·후에 판매로의 유도가 용이해진다.

살롱의 이미지가 좌우되는 독립적인 공간으로 주력 사용 제품의 진열을 통해 관리 전 관리 제품과 홈케어용 소매(retail)제품 안내와 가격에 대한 정보까지 제공받을 수 있도록 한다.

대기 공간

고객이 관리받기 전 잡지를 보기도 하고, 휴식을 취하기도 하는 대기하는 공간으로 편안함이 제공되어야 한다.

잡지, 신문 등 살롱의 상품(서비스)에 관련 기사나 정보를 따로 체크해 두어 고객이 쉽게 찾아 볼 수 있도록하여, 관리 전이나 상담 전에 사전 정보를 제공하여 관리나 상품에 신뢰도를 높일 수 있다.

스마트 폰의 보급과 확산으로 개인 휴대폰 이용이 많아졌기 때문에, 매장내 와이파이를 설치하고, 공개로 설정하여 대기 고객의 스마트폰 이용을 용이 하도록 하는 것이 좋고, 살롱의 홈페이지 방문 시 다양한 상품(서비스)에 대한 정보를 제공 받을 수 있도록 하고, 댓글이나 참여 글 작성시 회원으로서 혜택(등급 승급)을 제공하여 살롱과의 공유할 수 있는 부분을 확대해 나간다.

대기 공간에서 개인 노트북이나 스마트 폰의 활용 및 충전이 가능하도록 전기코드를 대기공간 곳곳에 배치하며, 관리 중에는 종류별로 무료로 충전 서비스를 해주는 것도 좋다.

관리 공간

고객이 본격적인 관리 서비스를 받는 힐링 공간으로 오감 만족을 통하여 기본적으로 안락함과 편안함이 제공 되어야하며, 오감 만족 마케팅에 직접적인 활용이 필요하다.

청각

사운드 테라피를 적용하여 가사가 없는 음악과 가급적 단조의 곡을 선정하여 차분함을 연출한다.

뮤직테라피는 인간의 청각에 반응하는 기법이며, 사운드테라피는 이런 뮤직테라피를 포함한 '음'뿐만 아니라 '소리 진동'의 강약, 장단, 주파수, 파형, 무게감의 법칙을 인체의 모든 피부 감각으로 수용하는 전신적인 테라피를 말한다. 소리와 진동을 통한 치료기법은 인도나 티벳 등지에서 아주 오래전부터 사용되어 왔으며, 사운드테라피가 주는 자정능력과 힐링효과 때문에 스트레스 해소, 심신 이완, 심신 활성화 효과를 비롯해서 피폐해진 정신을 맑게 만들어주는 특징이 있다.

사운드 테라피는 자연치유와 면역체계를 스스로 강화한다는 의미에서 자연치유(natural healling)라고도 하는데, 단순하게 자연음의 녹음으로 이뤄진 것아 아니라 서브리미널 효과(subliminal effect)라고 하는 과학적 방법을 통해 만들어진 일종의 기술이라고 할 수 있다. 서브리미널은 인지할 수 없는 빠른 속도와 작은 음을 통해 듣는 이의 잠재의식에 영향을 끼쳐 그동안 발휘하지 못했던 재능과 능력을 이끌어낼 수 있도록 유도하고, 또한 소리를 통해 잠재의식을 자극해 자신이 원하고 의도하는 심리상태를 이루는 효과를 뜻한다.

사운드 효과까지 더해진 나무 심지를 적용한 아로마 캔들 등은 나무장작이 타는 듯한 자연스러운 소리를 내는 사운드 기능으로 관리(서비스)와 상호작용을 할 수 있도록 청각, 시각, 후각의 감각을 활용할 수 있는 좋은 예이다.

시각

관리 공간은 조도와 조명이 중요하다. 공중위생법규 규정상 미용실 실내의 조도는 100Lux 로 되어 있으나, 실제 100lux 는 고객 입장에서 다소 어두울 수 있고, 피부관리실의 경우 조도는 가급적 30lux이하로 하되, 고객의 눈부심이나 피로가 쌓이지 않도록 하여야 한다. 따라서, 국소 핀 조명을 이용하여 시술자의 눈의 피로도를 줄이고, 시술에 대한 생산성을 높일 수 있다. 이때, LED 조명을 설치할 경우 최초 시설 비용은 높으나, 전기료 절감 효과가 높아진다.

후각

아로마테라피는 향기요법으로 향기 나는 식물을 사용하는 치료법이다. 고대 이집트시대부터 의술이 발달하기 훨씬 이전부터 몸과 마음의 건강을 위해 사용해 왔으며, 식물에서 추출한 방향성 오일을 이용하는데, 다양한 종류의 나무, 풀, 꽃, 뿌리 등에서 추출한다. 이 오일은 신체의 회복력을 높이고 스트레스로 발생하는 신체적·정신적인 여러 가지 질병 완화에 도움을 준다. 천연의 향은 몸을 이완시켜 깊은 휴식을 취할 수 있도록 하며, 향에 따라 감정을 안정시키기도 하고 흥분시키기도 하여 감정 조절에 매우 효과적이다.

향기를 맡을 때 단순히 기분만 좋아지는 것이 아니라 향기는 코의 후각 신경을 통해 뇌의 변연계에 전달된다. 변연계는 우리 뇌에서 기억, 감정, 호르몬 조절 등을 담당하는 기관으로, 향기는 이곳을 통해 호르몬 분비에 영향을 미치며, 호르몬 분비를 조절하면 몸의 여러 증상들을 약화시키거나, 강화시킬 수 있다.

공기 청정제, 향수, 방향제 등으로도 쓰이는 향기요법은 향기를 맡는 것에 그치지 않고 몸에 직접 사용하기도 하는데 스파테라피 관리시 아로마테라피를 적용하여 심신의 안정과 혈관 확장 또는 혈관 수축 등의 효능으로 치료에 직·간접적인 도움을 줄 수 있다.

그런데 농도가 너무 짙거나 오랜 시간 냄새를 맡을 경우 이상반응을 일으킬 수 있으므로, 고객의 관리 용도에 적용할 수 있는 알맞은 에센셜 오일을 선택해야 하며, 특히 임산부의 경우 산모 뿐 아니라 태아에게도 영향을 미칠 수 있으므로 주의해야 한다.

미용 관리(서비스)는 위생과 청결이 우선시 되어야하므로, 베드의 매트나 수건류의 건조 상태로 인한 냄새가 나는 것을 방지하기 위하여 반드시 깨끗한 건조 상태를 확인하고, 기타 관리 도구나 해면 등은 항상 청결을 유지한다. 또한, 베드 공간내의 전체적인 후각적 느낌은 인조 향료나 사향 계열의 향수는 피하고, 자연 계열의 은은한 허브향을 선택한다.

미각

관리 후 고객의 기호에 맞는 따뜻한 건강차를 제공하여, 독소 배출의 효과와 관리 효과가 서로 시너지를 낼 수 있게 한다.

차는 자체적으로 지니고 있는 성분이 건강증진에 좋을 뿐만 아니라 관리를 받으며 이완되었던 신체를 다스려 졸음을 없애고, 기운을 솟게하며 한다.

또한 코스 요리에서 마지막을 달콤한 디저트(dessert)로 마무리 하는 이유는 단맛은 여러 가지 맛 중에서도 가장 강력하고 원초적인 힘을 지니고 있기 때문이다. 식사에서 식재료 고유의 맛과 짭짭한 감칠맛, 신맛, 쓴맛 등을 다양하게 경험한 뒤 마지막으로 단맛이 혀에 닿자마자 '맛있다'고 느끼게 하는 힘이 강력하기 때문에 그 요리는 '맛있었다'로 기억된다. 관리 후 초콜렛이나 쿠키를 차와 함께 제공하여 고객에게 달콤한 에너지를 선사한다.

촉각

촉각(觸角)은 '피부에서 느끼는 감각'을 가리키는 말로 관리사의 손끝에서 고객의 피부로 전달되는 소통의 첫 시작인 것이다. 서로에게 마음을 여는 시작점이므로 고객과 충분히 상의하여 압의 강도를 결정하고, 피부 상태를 관리사의 촉각으로 확인하며 관리를 진행한다. 관리사는 반드시 관리 전 악세사리를 제거하고, 손톱 관리 상태를 확인한다.

특히, 소음인인 경우 자극적인 압박법은 피하고, 림프나 혈행, 피부의 결에 맞는 방법으로 자극하여 압박한다.

화장실

화장실은 고객이 마음을 편하게 놓고 있는 독립적이며 사적인 장소이다. 그렇기 때문에 오히려 화장실을 이용한 광고가 때론 강한 인상을 심어주기도 한다.

세면대에 손세정제 등을 비치할 때, 살롱에서 사용하거나 판매하는 제품을 사용해 볼 수 있도록 한다. 화장실(변기가 있는 공간) 안에는 그 제품들에 관한 정보를 고객이 한눈에 볼 수 있도록 연계하여 디스플레이 한다. 잡지 등 기사를 이용하거나 시각적 효과를 높이기 위하여 영상을 이용하기도 한다.

큰 평수의 살롱인 경우 화장실이 내부에 설치되어 있는 경우가 많다. 내부에 있는 경우 살롱의 이미지를 더 적용 받을 수 있으므로 특히 위생이나 청소에 신경을 써야한다. 여성 고객을 위한 여성 용품을 비치하고, 1회용 위생페이퍼를 사용하여 세심한 부분까지 고객의 편의를 살핀다.

"그 나라의 경제 사정을 알려면 시장을 가고, 문화 수준을 알려면 화장실로 가라!"

화장실을 이용한 독특하고 재미있는 마케팅의 사례가 많다. 우리 살롱의 이미지를 각인 시키고 내부적으로도 활용이 많은 화장실을 최대한 활용 할 수 있는 여러 가지 방안을 연구해보자.

디자이너나 관리사들은 화장실 청소를 기피하는 경우가 많은데 주인의식을 갖고 조금만 더 신경을 쓴다면, 살롱 전체의 이미지를 향상 시킬 수 있다.

4. 유니폼의 심리적 효과

경쟁 환경 속에서 기업들은 홍보를 통해 자신의 이미지를 고객에게 심어 주기 위하여 차별화된 CI(Corporate Identity)를 개발하여 이를 유니폼에까지 반영, 고객에 대한 토탈 이미지 메이킹(Total Image Making)에 총력을 기울이고 있다. 따라서 유니폼의 개념도 과거의 기능성, 경제성보다는 상징성, 심미성이 더욱 강조되는 시점이며 기업의 PR과 인재의 확보, 조직의 활성화 등 경영전략적인 차원에서 재조명되어 각 기업에 맞는 새로운 유니폼 문화의 정착과 디자인개발이 요구된다.

유니폼은 소속감, 일체감을 높일 수 있으며, 매장의 첫인상을 좌우하는 초두효과를 높일 수 있다. 또한 전문가로의 신뢰감을 형성시키며, 살롱의 청결 및 위생상태를 알아보는 척도가 된다.

특히 시각적으로 판단하는 인상 중에서 80%가 색채에 의한 것이라고 한다. 소비자의 상품 선택은 초기 90초 안에 잠재적으로 결정되는데 첫인상과도 같은 컬러는 좋고 싫다는 판단의 60~90% 정도를 좌우한다. 따라서, 디자이너 개성을 줄이고, 살롱의 이미지를 최대한 반영할 수 있는 컬러를 선택하는 것이 중요하다. 또한 행동 제약에 따른 나쁜 근무 태도를 줄일 수 있다.

7장

미용사회에서 활용 가능한 경제심리

1. 경제 심리학

응용 심리학의 한 분야로, 경제생활을 중심으로 인간의 생활 형태 및 경제 활동 자의 정신생활을 연구하는 학문이다.

게임 이론(Theory of games)

기업 또는 개인의 행위의 결과가 게임에서와 같이 참여자 자신의 행동에 의해서만 결정되지 않고 동시에 다른 참여자의 행동에 의해서도 결정되는 상황에서 자신에게 최대의 이익이 되는 행동을 추구한다는 수학적 이론이다.

경제시장 내에서 기업 또는 이익을 보려는 행위를 하는 개인들이 자기 이익을 달성하기 위해 어떤 수단을 선택하게 될 때 어떤 방식으로 선택하는가를 분석하는 경제이론으로 각각의 경제적인 행위를 하는 집단 또는 개인이 상대방보다 더 많은 이익을 얻기 위해 어떤 수단을 선택하고 행위를 하는가를 분석하는 것이다. 이 때, 서로의 이익이 상충되고 경쟁적인 조건에서 경쟁자들 간의 경쟁상태를 모형화 한 후에, 이러한 경쟁 구도에 참여하게 되는 참여자들의 행동 또는 행위를 분석하여 최적화된 전략선택을 하게 된다는 것을 이론화하려는 것이 게임이론의 목적이라고 할 수 있다.

이 게임이론이 처음 보여진 것은 2차 세계대전 당시 군사전략적인 이론에서 생겨나 점차 현재의 경제적인 부분에서의 게임이 이론으로 발전되었다고 한다. 지금은 경제를 비롯한 심리학에까지 적용되는 부분이지만 사실 처음에 게임이론은 군사전략이론의 한 부분이었던 것이다.

제로 섬 게임(Zero sum game)

제로 섬(zero sum)은 어떤 시스템이나 사회 전체의 이익이 일정하여 한쪽 이득을 보면 다른 한쪽이 손해를 보는 상태로 게임이나 경제 이론에서 여러 사람이 서로 영향을 받는 상황에서 모든 이득의 총합이 항상 제로 또는 그 상태를 말한다.

어느 한쪽이 이익을 얻기 위해서는 다른 쪽이 반드시 손해를 보아야하며, 다른 쪽이 손해를 보면 다른 한쪽이 이익을 본다는 것이다. 가위, 바위,

보를 100번 이상 계속해서 합산 한다면 결국 이기는 사람의 확률도 지는 사람의 확률도 비슷해져 결국 제로가 된다.

치킨 게임(Chicken game)

영어로는 Game of Chicken, Snowdrift game, chicken race 등으로 불리며 우리말로는 겁쟁이 게임이라는 용어가 가장 보편적이다.

1950년대 미국 젊은이들 사이에 유행했던 경기로 밤에 두 명의 경쟁자가 도로의 양쪽에서 차를 몰고 정면으로 돌진하다가 충돌 직전에 핸들을 꺾는 사람이 지는 것인데, 핸들을 꺾은 사람은 겁쟁이, 즉 치킨으로 몰려 겁쟁이로 취급받는다. 냉전시절 미국과 소련의 경쟁을 비유하는 등 국제정치학에서 사용되던 용어였으나 지금은 타협 없이 극한 상황까지 대립하는 국면을 이야기 할 때 등 다양한 영역에서 사용된다. 시장에서는 가격이 폭락하는 상황에서도 오히려 제품의 양산 경쟁을 벌여 상대가 무너질 때까지 출혈 경쟁을 하는 상황을 예로 들 수 있다.

풍선 효과(Balloon Effect)

풍선의 한 곳을 누르면 다른 곳이 불거져 나오는 것처럼 문제 하나가 해결되면 또 다른 문제가 생겨나는 현상이다.

어떤 범죄의 단속으로 인해 뜻하지 않게 다른 방향으로 범죄가 표출되는 현상을 의미하거나, 어떤 현상을 억제하자 다른 현상이 불거져 나오는 현상을 말한다. '한 쪽을 누르면 다른 쪽이 부풀어 오르는' 풍선의 형상을 빗대어 풍선 효과라고 불린다.

풍선 효과는 미국에서 유래되었는데 외국에서 밀수입되는 마약 문제로 골머리를 앓던 미국이 마약과의 전쟁을 위해 마약 수입 의심국으로 지목된 몇몇 중남미 국가에 대해 통관 절차를 대폭 강화하는 등 마약상을 단속하였다. 미국 정부는 이 같은 강력한 조치로 인해 미국 내 마약 거래가 사라질 것으로 기대했었지만 마약 밀매 업자들이 미국의 단속을 피해 또 다른 지역으로 옮겨 마약상이 성장하게 되었다.

우리나라의 성매매 특별법 시행 후 벌어진 성매매의 음성화 또한 풍선 효과의 예이다.

베블런 효과(Veblen Effect)

사회적 지위나 부를 과시하기 위한 허영심에 의해 수요가 발생하기 때문에 가격이 비쌀수록 오히려 소비가 늘어나는 효과를 말한다. 베블런은 부자의 생활상을 묘사할 때 널리 사용되고 있는 '과시적 소비', '금전상의 경쟁' 등의 말을 처음 만들어낸 사람으로 알려져 있다. 베블런 효과는 미국의 경제학자이자 사회과학자 베블런이 자신의 저서 〈유한계급론 The Theory of the Leisure Class〉(1899)에서 "상층계급의 두드러진 소비는 사회적 지위를 과시하기 위하여 자각없이 행해진다"는 '과시적 소비'를 지적한 데서 생겨난 말이다.

보통의 경우는 제품의 품질이 높을수록 그에 비례해서 합당한 가격이 형성되기 마련인데, 베블런 상품은 값이 오르면 오를수록 수요가 증가하고,

값이 떨어지면 누구나 손쉽게 구입할 수 있다는 이유로 구매를 하지 않는 경향이 있다. 무조건 남의 소비 성향을 좇아 한다는 뜻에서 '소비편승효과'라고도 한다.

예를 들면 다이아몬드의 가격이 상승하면 더욱 허영심을 자극하게 되어 수요가 증대하지만, 가격이 떨어지면 그 가치와 희소성이 떨어지기 때문에 수요도 줄어들게 된다는 것이다. 이러한 베블렌 효과를 마케팅이나 광고에 이용하여 고급화와 차별화, 고가 정책을 표방하기도 한다.

인간이 합리적이고, 이성적인 존재라면 훌륭한 제품인지를 판단하기 위해 제품의 기능, 디자인, 내구성 등을 총제적으로 고려하여 결론을 내릴 것이다. 하지만, 합리성과 이성이 결여되어 역으로 제품의 높은 가격을 보고 제품이 훌륭한것 또는 명품으로 간주하게 된다. 인간은 이성의 동물이 아니라 어리석은 감성의 지배를 받는 동물임을 베블린 효과는 아주 잘 보여주고 있다.

스키너(Skinner) 상자의 심리

도박은 오락에 운과 기술, 위험, 내기가 결합된 것으로 경쟁을 포함하는 놀이이며, 금전을 추구하는 행위이고, 결과가 언제나 불확실하다는 속성이 있다.

도박은 그 결과의 예측이 불가능함에도 예측하려하고 또 예측가능하다고 믿는 가장 자극적이고 위험한 놀이이기 때문에 사람들은 위험을 감수하고 대박에 대한 환상을 꿈꾸며 스릴을 느낀다. 또 도박은 일상생활이나 노동의 세계와는 달리 그 결과가 노동에 대한 대가로 주어지는 것이 아니라 우연에 따라 주어지며, 경우에 따라서 '놀면서 돈 벌 수 있는 환상적인 세계'가 될 수도 있기 때문이다. 확률이 지배하는 도박의 세계는 근본적으로 예측과 통제가 불가능하며 언제 어떤 결과가 나올지는 아무도 모른다.

희랍신화에서 제우스, 하디스와 포세이돈은 주사위를 던져 우주를 천국, 지옥 그리고 바다로 나누었고, 천지창조의 신화가 바로 도박인 내기에서 시작하고 있다. 로마복구자금을 마련하기 위해 아우구스투스황제는 복권을 팔았고, 폭군 네로도 불탄 로마를 재건하기 위해 복권을 팔았다. 도박이 합법화 되면서 카지노는 부유층과 명사들의 재력과 신분을 나타내는 사교장 역할을 하였고, 1997년의 연구에 따르면 미국성인의 80~90%가 도박경험이 있다고 할 정도로 도박은 확산되어 있다. 각국은 재정확충을 위해, 또는 일제시대 화투의 확산처럼 시민의 저항 의식을 마취시키기 위해 정부가 암묵적으로 도박을 권장하고 있는 측면도 있는데, 정부규제로 도박이 근절된 나라는 없다. 즉 합법적 도박의 범위는 증가하고 있으며, 합법화하지 않고 있는 사회의 경우에도 비합법적인 도박이 성행하고 있다.

오늘날 도박중독증은 '충동조절 장애'라는 정신장애로, 의학적 · 심리학적 관리의 대상이 되고 있다.

게임의 법칙을 좌우하는 것은 확률이며 우연으로, 기술과 전략으로 도박에서 승자가 될 수는 없다. 그럼에도 모험과 충동, 비합리성으로 가득 찬 도박에 사람들이 몰리는 것은 항상 확률과 우연에 따른 '가능성과 희망의 세계가 자신에게 찾아 올 것이라는 환상을 버리지 못하기 때문'일 것이다.

스키너(Skinner)가 고안한 자발 학습 실험 장치는 기본적으로는 상자 내부의 벽에 지레가 있고, 동물이 그것을 조작하면 먹이가 자동으로 나오게 되어 있다. 생체 반응은 별도의 기록기에 전달되어 누적 반응 곡선으로 나타나는데, 이것에의해 자발 반응과 강화 유무 및 시간과의 관계가 객관적으로 정리되어 나타는데 이를 스키너의 상자라 한다. 보상물이 크면 클수록 후에 더 이상의 먹이가 나오지 않는 상황에서도 버튼을 누르는 행위가 없어지지 않는 도박과 비슷한 현상을 단편적으로 보여주는 예가 스키너의 상자이다.

성공할 확률이 극히 낮은 상황임에도 불구하고 성공할 확률을 실제 확률보다 더 높이 생각하는 경향이 있어 더욱 미련을 버리지 못하고 집착하게 되는 것이다.

도박 행위를 멈추려는 진정한 첫 시도는 자신에게 도박문제가 있으며 자신의 힘으로는 습관을 조절할 수 없다는 자각에서 비롯되며, 자기책임이 강조된다.

고가 선물의 역효과

선물을 받는 일은 즐거운 일이지만 아무런 대가 없이 무작정 주는 큰 선물을 오히려 상대에게 부담을 줄 수 있다. 상대가 어떤 마음에서 호의를 베풀었던 간에 받는 입장에서는 빚을 졌다는 생각과 보답해야 한다는 정신적 부담감이 생기기 때문이다. 심한 경우, 상대의 의도에 대한 의심이 생기기도 한다. 선물에 대한 부담감을 줄이기 위해서는 자신과 상대방의 관계에 적당한 수준의 선물을 주는 것이 가장 중요하지만, 그래도 상대방이 부담을 느끼거나 의구심을 느낄 것 같다면 선물에 대한 간단한 명목을 붙이는 것이 선물을 받는 상대방의 부담감을 줄일 수 있다.

또한 너무 많은 선물이 오히려 역효과를 나타내는 경우도 있다. 선물을 받는 사람이 선물 가지 수가 많을 경우 선물하는 사람의 정성이 부족하다고 느낀다는 연구결과도 있다.

값비싼 물건과 값싼 물건을 같이 선물할 경우, 선물을 받는 사람은 두 물건의 가치를 합하여 계산하지 않고 평균치를 내어 그 가치를 받아들인다. 즉, 선물을 받는 사람은 선물 A와 B를 합산한 가치를 받아들이지 않고 개별로 받아 들여 각 선물에 대한 만족감을 느끼게 되는 것이다.

A 선물을 받고 자신의 기대치보다 높아 만족했을지라도 기대에 못 미치는 B선물을 받고 A에서 느꼈던 만족감이 B로 인하여 삭감되는 것인데, 실제로 미국 버지니아 공대와 미시간대 연구팀의 조사에 의하면 값비싼 물건을 값싼 물건과 함께 선물했을 때 역효과가 날 수 있다고 한다.

듀크대학교 댄 아릴리 교수는 경제적이고 효율적인 선물이란 내구성이 높은 선물이라고 말하고 있다. 즉, 꽃 보다는 꽃병이, 연필이나 펜보다는 필통이 더 오래 가기 때문에, 내구성이 낮은 선물을 한 사람보다 내구성이 높은 선물을 한 사람을 더 오래, 자주 생각한다는 의미이다.

소비 경제학자들에 의하면 선물로 받은 물건은 잘 사용하지 않는 경향이 있다고 한다. 따라서, 고객에게 제공되는 사은품이나 축하 선물 등에도 효용 가치가 높은 선물을 상황에 맞게 적절하게 선택하여야 한다.

세트 상품의 효과

한 번에 다양한 종류의 물건을 구입할 수 있는 종합세트의 상품들을 주변에서 쉽게 볼 수 있다. 세트 상품을 처음에는 다양한 물건을 사용할 수 있어 덜 지루하고 효율적인 것처럼 느껴지지만, 실제로 사용하다 보면 자주 사용하는 것만 사용하게 되고 나머지는 방치하게 되는 경우가 많다. 그럼에도 불구하고 세트상품이 인기인이유는 한 가지만 사용하면 금세 질릴 것이고 생각하는 다양화 편향 때문이다.

사람들은 계획을 세울 때 실제 시간보다 빠르게 시간이 지나갈 것이라고 생각하는 시간 수축 현상을 겪는데 이 때문에 세트상품을 구입하게 된다. 실제로는 매우 긴 시간임에도 불구하고 상상이나 계획 속에서는 시간수축 현상으로 인해 마치 연달아 일어나는 일이라 생각하여 더 빨리 질릴 것이라 생각하고 다양성을 추구하게 되는 것이다. 다양한 매력으로 구입하게 되는 세트 상품이 사실은 실속이나 만족까지 세트는 아니라는 것을 기억해야 한다.

파노플리 효과(Panoplie Effect)

파노플리효과는 상품을 소비함으로써 그것을 소비할 것으로 여겨지는 계층 및 집단과 동일시되는 현상을 가리킨다. 이것은 어린아이가 의사놀이 세트를 통해 마치 의사가 된 듯한 기분을 느끼는 효과와 비슷한데, 여기서 파노플리(Panoplie)는 '집합(Set)'이라는 뜻으로, 판지에 붙어있는 장난감 세트처럼 동일한 맥락을 가진 상품의 집단을 가리킨다. 프랑스의 사회철학자 장 보드리야르(Jean Baudrillard)는 상품을 통해 특정 계층에 속한다는 사실을 과시하는 것을 가리켜 이 용어를 사용했다. 대표적인 사례로는 상품이 사람을 평가한다는 생각과 상류층 집단에 소속 되었다는 만족감으로 명품을 소비하는 현상 등이다. 제조원가보다 크게 높은 브랜드 커피의 가격에도 불구하고 많은 사람들이 이를 찾고 있는 것은, 드라마나 영화를 통해 주인공이 손에 커피를 들고 뉴욕이나 파리를 걷고 있는 장면을 자주 접한 소비자들이 브랜드 커피를 마시면서 마치 영화 속 주인공과 같은 느낌을 받게 되기 때문이다. 또한, 농구 황제 마이클 조던과 같아지고 싶다는 환상을 심어준 나이키의 '에어조단 시리즈' 마케팅 전략이 있다.

립스틱 효과(Lipstick Effect)

불황기에 립스틱 같은 저가 화장품 매출이 오히려 증가하는 현상이다. 1930년대 대공황기에 산업별 매출 통계를 근거로 만들어진 경제학 용어다. 즉 불황기에 돈을 최대한 아끼면서도 품위를 유지하고 심리적 만족을 추구하는 소비자의 소비성향을 의미한다.

경제적으로 어려운 시기일수록 가장 저렴한 가격으로 사치심을 충족시킬 수단을 찾는데, 화장품과 같이 심리적 만족을 주는 상품에 대한 지출이 증가하며 증가속도도 다른 제품보다 빠르다. '립스틱 효과'는 단지 립스틱뿐만 아니라 최저비용으로 사치욕구를 충족할 수 있는 모든 상품과 서비스에 적용할 수 있다. 예를들면, 세트 상품이 주를 이루던 의류 구입 패턴이 불황기에 상하의 따로 구입하는 것으로 변화하는 현상이 있다. 이처럼 불황기에 저가지만 정서적 효용을 높일수 있는 상품과 서비스가 주목을 받을 것이라고 전망한다.

신용카드의 역효과

신용불량자 명단 중 20대, 30대의 비율 50% 이상이며, 이러한 신용불량자 대량 발생의 주범으로 바로 '신용카드'가 지목 되었다. 신용카드는 많은 현금을 들고 다니지 않아도 되는 편리함과 한 번에 내기 힘든 금액은 나눠서 계획적으로 지출할 수 있는 많은 혜택과 장점이 있다. 그러나, 일반현금과 달리 플라스틱의 형태인데다가 지출이 직접 눈으로 보이지 않기 때문에 계획된 지출을 방해하고,

한 달이라는 결제기간은 지출의 직접적인 충격을 한층 더 완화시켜 과소비를 더욱 불러일으키게 되는 것이다. 따라서 무분별한 지출을 줄이기 위해선 때에 따라 가능한 현금으로 직접 계산을 하는 것이 더 큰 지출을 막는데 도움이 된다. 경제생활의 필요악 신용카드는 반드시 필요한 곳에만 계획적으로 분별 있게 사용하는 습관이 필요하다.

손실혐오 효과(Loss aversion Effect)

일반적으로 같은 크기의 이익과 손실이 있을 때 손실에 대한 스트레스가 이익보다 훨씬 더 민감하게 느끼고 반응한다는 행동경제학 이론이다. 자신이 일시적으로 획득한 지위 및 보상 체계를 빼앗기지 않으려고 더욱 적극적인 참여를 하게되며 동기부여 효과를 제공한다.

예를 들어,

㉠ 현금으로 구매 시 1000원을 할인 혜택을 드립니다.

㉡ 신용카드로 구매 시 1000원의 추가 요금이 부과됩니다.

라는 두 가지 문구중 하나를 선택해야 한다면? ㉠번과 ㉡번의 상황은 동일하지만, ㉠번은 할인을 해준다는 '이득'의 프레임과 ㉡번은 추가요금이 부가된다는 '손실'의 프레임을 제시 하고 있다. 대부분의 사람들은 ㉡번의 경우보다 ㉠번의 경우에 현금 구입을 더 많이 선택하게 된다. 그 이유는 동일한 양의 이득으로 오는 만족보다 동일한 양의 손실이 주는 심리적 충격이 더 크기 때문이다.

이득은 자신 가지고 있지 않고, 손실은 자신이 현재 소유하고 있는 것이기에 더 아깝다라는 생각이 드는 것이다.

가장 합리적인 선택은 둘 다 같다라고 생각하고, 현명한 소비 패턴을 가지는 것이다.

상품 진열의 경제심리

되는대로 진열해 놓은 것 같은 마트나 편의점의 물품 배치에도 심리적인 요소가 숨어 있다.

마트나 편의점 매출에서 음료는 매우 큰 비중을 차지하는데, 매장 제일 안쪽에 진열해서 고객의 동선을 다른 상품을 훑을 수 있게 만든 것이다. 고객들이 음료수를 가지러 가는 동안 자연스럽게 매장을 둘러보게 되어 부가적인 소비가 증가하게 되기 때문이다. 생필품은 충동구매 보다 계획에 의해 구입하는 편이기 때문에 안쪽에 있어도 잘 구매하므로 굳이 홍보하지 않아도 되는 생필품들은 매장 안쪽에 비치하여 생필품을 구입하러 오는 고객이 다른 상품을 자연스럽게 거치도록 유도하기 위해 생필품은 안쪽에, 소모품은 바깥쪽에 진열하는 것이다. 또한, 라면과 김치, 빵과 우유, 맥주와 오징어와 같이 연관되는 제품을 매우 가까운 위치에 배치하는데 이는 한 가지 상품만 구매하기 위해 방문한 고객에게도 연관되는 상품까지 함께 구매할 확률이 높아지기 때문이다.

계산을 기다리는 동안 가장 눈에 잘 띄고 부담도 적은 것들을 비치하여 쇼핑의 마지막 순간까지도 철저한 소비를 유도하는 것이다.

대형 마트의 심리전략

대형 마트에서는 소비자의 지갑을 열기 위해 여러 가지 심리전략을 사용한다.

상대적 가격

비교가격을 제시함으로서, 원가보다 저렴하다는 이유로 구입을 결정하는데 관대해져 충동구매를 하기 쉽고 그러면서도 실제로는 지출에 포함되는 영역임에도 '돈을 썼다'는 생각보다 '돈을 절약했다'는 생각을 하게 한다.

대형마트에서는 용량이 상대적으로 큰 대형마트 전용 상품으로 가격을 올리고 거기서 할인해주는 전략을 쓴다.

초기 값 설정

간혹 1인당 구입할 수 있는 개수를 제한하는 상품이 나오는데, 평등한 기회를 주기 위해서라기 보다는 '기준' 또는 '한계'를 제시했을 때 무의식적으로 더 많은 양을 구입한다는 심리학적 보고가 있다.

예를 들어 5개 한정이라고 하면 원래 2개 사려던 것을 5개 밖에 못 산다는 생각에 3개를 더 살수도 있다는 것이다. 또한, 한정 개수가 높을수록 판매량은 증가하는데, 무의적으로 제시한 '기준'을 중심으로 구입할 개수를 조정하게 되는 것이다.

마감시간 효과

제한된 시간과 개수가 정해질 경우, 조급함과 불안감과 함께 상품에 대한 희소성을 느껴 상품의 가치를 더 높게 평가하게 되어 더 많은 양을 구매하는 경향이 있다.

따라서, 합리적인 소비를 위해 구매목록 리스트를 미리 작성해가고, 비교가격등에 의존하지 않고, 최종가격을 보고 시중 가격과 비교하여 구매한다.

단계적 요청 기법

단계적 설득 이론은 설득 메시지를 제시하는 순서를 달리해 상대방을 설득하는 방식으로 상대방에게 작은 요청에 응하게 한 후, 이것보다 더 큰 목표 요청까지 승낙하게 만드는 방식이다. 이는 '문간에 발 들여놓기(Foot In The Door Technique)' 기법으로도 불리는데, 이와 같이 설득 메시지의 제시 순서를 활용한 설득 전략에는 단계적 요청 기법 외에 역단계적 요청 기법, 미리 주기, 미끼 기법 등이 있다.

역단계적 요청

처음에 상대방의 큰 요청을 거절함으로써 상대방에게 양보를 받은 사람이, 이 양보를 갚기 위해 처음에 받은 요청보다 작은 요청을 들어주게 되는 것이 역단계적 요청 기법의 기본 원리다. 그렇기 때문에 단계적 요청 기법을 통해 설득을 이끌어내기 위해서는 첫째, 처음 제시하는 요구사항이 거절되어야 하며 둘째, 상대방이 두 번째 요청을 받았을 때 '양보'받았음을 지각하게 만들어야 한다. 이 같은 조건이 갖추어졌을 때 요청을 받은 사람은 거절-중재 과정을 거쳐 요청을 받아들이게 되는 것이다.

미끼 기법

상대방이 수용할 만한 요구 사항을 제시해 순응을 이끌어낸 뒤에 요구사항을 바꾸어 바뀐 요구 사항 역시 받아들이게끔 하는 전략이 다.

패스트 푸드의 어린이 햄버거 셋트 구입시 제공되는 장난감 시리즈나 패션잡지, 메이크업 잡지 등의 여성잡지들은 현란한 사은품들로 소비자들을 유혹한다. 스타벅스는 연말이 다가오면 다이어리 프로모션을 진행한다. 행사 제품 세 잔을 포함해서 총 17잔의 커피를 마시면 스벅 다이어리를 얻게 되는 것이다. 그래서인지 다이어리를 출시하는 11월 초엔 매장 방문 고객수가 20-30%가량 늘어난다고 한다. 패스트 푸드의 장난감 시리즈, 잡지의 사은품, 스타벅스의 다이어리는 소비자를 유혹하는 미끼라고 볼 수 있다.

즉, 개인이 처음의 요구를 수용함으로써 이후의 요구 사항에 대한 관여도가 높아질 뿐 아니라 요구 사항을 수용해야 한다는 의무감을 느끼게 되는 것이다.

미리 주기

미리 주기는 요구 사항을 제시하기 전에 상대방에게 호의를 베풀어 순응을 이끌어내는 전략이다. 레건(Regan, 1971)은 복권 구입을 요청하기 전에 음료수를 제공받은 집단이 음료수를 제공받지 않은 집단보다 2배더 복권을 구입했다는 실험 결과를 통해 미리 주기 전략의 설득 효과를 밝혀냈다. 즉, 개인이 상대방으로부터 받은 호의를 되갚고자하기 때문에 상대방이 제시한 요구 사항을 수용할 가능성이 높아지는 것이다.

2. 판매 성과를 높이기 위한 소비자 심리 전략

상품이나 서비스를 어떻게 더 많이 판매 할지를 고민을 하게 되는데, 적은 비용으로 높은 효과를 내기 위해서는 소비자들의 심리를 잘 이해해야 한다.

공격적인 판매 전략 대신, 자연스러운 판매촉진 방법으로 고객의 심리를 이용하여 판매를 늘리는 방법을 알아보도록 하자.

고객들과 연관된 스토리 들려주기

고객의 입장에서 한번 생각해 보면, 고객이 무엇을 원하고, 무엇이 문제인가를 파악해야 한다. 고객의 입장을 공감하고 문제점을 해결하기 위해서 회사의 제품이 무엇을 할 수 있는지 자연스럽게 설명한다면, 단순한 제품설명보다 고객들이 반응할 확률이 커진다.

회사의 상품을 잘 사게 만들려면, 감정적으로 회사가 제공하는 상품과 서비스가 고객의 상황과 가깝게 느끼도록 하는 것이 좋다. 따라서 회사 제품의 특징만 부각시키기 보다는 고객들의 입장에서 무엇이 문제이고 왜 회사의 상품, 서비스를 사용하는 게 고객의 삶에 있어 중요한 것인지 이야기해 준다.

훌륭한 마케터들은 고객의 상황을 공감하고 유대적인 관계를 만드는 데 능숙하다. 공감되는 스토리를 통해 고객들이 자신도 모르게 회사의 상품, 서비스가 필요하게끔 유도하라.

환불 100퍼센트 보장

대부분 환불 보장하기를 두려워한다. 왜냐하면 사람들이 환불을 할수록 손해 보는 것이 조금 생기기 때문이다. 그러나, 환불을 보장하는 것은 오히려 회사에게 긍정적인 효과가 더 크다. 보장을 통해 회사가 질적으로 가치 있는 서비스와 상품을 제공하도록 최선을 다하게 하고, 고객입장에서는 더욱 서비스와 상품에 믿음을 갖게 된다. 몇몇 진상고객으로 잃게 될 미미함보다, 회사가 보장이라는 것으로 얻게 될 설득 효과 및 신뢰도가 강력하기 때문이다.

상품(서비스)에 대한 추천서

다른 고객들의 추천은 유용한 판매 도우미이다. 상품이나 서비스를 판매할 때 성공적인 스토리들을 공유하는 것이 좋다. 회사의 고객들이 상품(서비스)을 구입한후, 설문조사를 요청하고 만족했을 경우에 추천서나 사이트의 후기를 써달라고 부탁할 수도 있다. 잠재적인 고객 입장에서 다른 고객들이 특정 회사의 상품(서비스)을 사용하고 이에 만족감을 느끼면 그들도 똑같이 같은 회사의 상품을 사용해보고 싶은 확률이 커진다.

아직 영업 초창기라서 고객이 별로 없다면 무료 체험이벤트를 열고, 그 댓가로 추천서를 얻는 것도 좋은 방법이다.

긴박성 강조

긴박성이란 상품을 특정기간에만 제공하거나 상품의 수량을 한정 짓는 방법이다. 소셜커머스가 특정기간을 한정해서 상품을 판매하는 가장 대표적인 예다. 또는 한정수량판매와 같이 얼마 남지 않았음을 강조해서 판매자들의 구매유도를 할 수 도 있다.

중요한 것은 부적절하게 위 전략을 사용해서는 안 된다는 점이다. 고객의 입장에서 볼 때, 적절하지 않은 유도였다고 생각하면 오히려 해가 될 가능성이 크다. 예를 들어 1주일간 판매한다고 했는데 판매종료 후 시간이 흘러 또 판매하고 있다면, 기존의 고객은 배신감을 느끼게 되고 이는 회사의 브랜드에 해가 된다.

패키지를 통한 판매향상

고객들이 상품을 판단할 때 크게 작용하는 심리 중 하나는 비교심리이다. 예를들어 하나에 10000원 하는 제품을 4개에 한 세트로 30000원에 판매한다든가 또는 다른 성격의 두 제품을 패키지로 묶어 살짝 할인해서 판매한다면, 고객들은 가격이 상대적으로 저렴한 것을 느끼고 구매충동을 더욱 느끼게 된다.

비밀혜택 제공하기

특정 상품이나 서비스를 구매했을 때 단순히 구매완료 페이지를 보여줄게 아니라, 구매완료 후 연결되는 페이지에서 다른 상품에 대한 더 큰 할인혜택이나 숨겨진 상품(서비스) 등을 제안하는 것이다.

여기서 말하는 비밀혜택이 일반적인 할인혜택과 크게 다른 점은, 특정 상품의 구매를 완료한 고객들만이 비밀혜택 메시지를 볼 수 있다는 점이다. 이렇게 되면, 고객들은 이것을 자신을 위한 비밀 혜택으로 인지하고 그로 인한 구매충동이 높아질 확률이 크다.

관련 인기제품 보여주기

이것은 판매를 할 때 중요한 기본이다. 특정 상품 페이지에 관련도가 큰 상품을 추가로 고객에게 보여주면 추가적인 구매를 유도하는데 도움을 준다. 여기서 중요한 것은 관련도가 크면서 다른 고객에게 인기 있는 제품인지 두 가지 요소의 균형성을 맞추는 것이 중요하다. 관련도가 큰 제품을 보여줬는데, 고객들의 평점이 낮다면 흥미로운 상품으로 보이지 않을 확률이 크다.

금액액수의 심리효과 고려

예를 들어, 1년짜리 이용서비스가 있는데 60만 원에 판매한다고 가정해보자. 몇몇 고객들은 아무 거리낌 없이 구매를 하고 이용할 수 있다. 하지만 가격에 크게 민감한 몇몇 고객들은 구매를 주저할 수 있다. 이럴 경우, 1년 이용에 60만 원이라고 명시하기보다 1달에 5만 원이라고 명시한다면, 심리적인 가격부담이 떨어질 수 있다.

무료배송

대부분의 고객은 유료배송에 부담감을 느낀다. 제품 구입에 돈을 내는데, 배송에도 또 추가비용을 내야 한다고 인식하기 때문이다. 이럴 경우 무료배송을 통해 고객들의 부담감을 덜어줄 수 있다. 물론 판매당 이익이 조금씩 깎이기는 하지만, 이것으로 인해 판매가 배로 늘어난다면 장기적으로 회사에 좋은 방법이다.

최저가격 보장

혹시 회사가 제공하는 상품이 다른 경쟁사에 비해 최저가격인가? 그렇다면 그 사실을 웹 사이트 메인페이지 및 상품페이지 또는 서비스 받는 장소에 직접적으로 명시한다. 회사가 다른 경쟁사에 비해 최저가를 가지고 있다는 사실은 구매자가 꼭 알고 있어야 할 만한 사실이다.

다른 브랜드 이미지 활용

만일 회사가 특정 브랜드와 연관이 되어 있을 경우 브랜드의 로고를 웹페이지에 명시해라. 딱히 연관된 브랜드가 없을지라도, 파트너 결제회사의 특정 브랜드를 사용할 수도 있다. 이렇게 되면 방문자들의 신뢰를 조금이나마 더 얻을 수 있다.

고객의 상품 질문에 빠른 응대

기본적이면서도 의외로 많은 사람들이 놓치기 쉬운 부분 중에 하나이기도 하다. 만일 고객이 상품구매에 대해 질문한다면, 최대한 빠르게 답변해라. 만약 답변이 느리다면 상품 및 서비스, 또 회사에 대한 신뢰도가 저하될 가능성이 있다.

8장

심리적 증후군과 노이노제

1. 증후군이란?

병적인 증상이나 원인이 명확하지 않은 복수의 원인이 있는 것으로 추정되는 경우, 그리고 증상 또한 스펙트럼이 넓어 무슨 병이라 딱 규정할 수는 없지만 증상상의 공통분모가 존재하는 환자를 묶은 분류를 증후군이라 한다.

신드롬(syndrome)으로도 많이 쓰인이며, Syndrome은 그리스어에서 유리된 것으로 "함께 달리다(run together)"라는 뜻이다.

2. 증후군의 종류

대사 증후군

만성적인 대사 장애로 인하여 내당능 장애(당뇨의 전 단계, 공복 혈당이 100mg/dL보다 높은 상태, 적절한 식사요법과 운동요법에 의해 정상으로 회복될 수 있는 상태), 고혈압, 고지혈증, 비만, 심혈관계 죽상동맥 경화증등의 여러 가지 질환이 한 개인에게서 한꺼번에 나타나는 것을 대사 증후군이라고 한다.

대사 증후군의 발병 원인은 잘 알려져 있지 않다. 일반적으로 인슐린 저항성(insulin resistance)이 근본적인 원인으로 작용한다고 추정하고 있지만 이 역시 대사 증후군의 발병을 만족스럽게 설명하지는 못한다. 인슐린 저항성이란 혈당을 낮추는 인슐린에 대한 몸의 반응이 감소하여 근육 및 지방세포가 포도당을 잘 섭취하지 못하게 되고 이를 극복하고자 더욱 많은 인슐린이 분비되어 여러 가지 문제를 일으키는 것을 말한다. 인슐린 저항성은 환경 및 유전적인 요인이 모두 관여하여 발생하는데, 인슐린 저항성을 일으키는 환경적 요인으로는 비만이나 운동 부족과 같이 생활 습관에 관련된 것이 잘 알려져 있고, 유전적인 요인은 아직 밝혀지지 않았다.

대개 무증상이지만 대사 증후군의 각 구성 요소에 따른 증상이 나타날 수 있다. 즉, 고혈당이 심할 경우 당뇨병의 증상이 나타날 수 있고, 대사 증후군과 동반된 죽상경화증의 증상이 나타날 수 있다.

여러 진단 기준이 있지만 일반적으로 아래의 기준 중 세 가지 이상이 해당되면 대사 증후군으로 정의한다.

① 중심비만(central obesity) : 남자의 경우 허리둘레가 102cm 초과, 여자의 경우 허리둘레가 88cm 초과 (한국인 및 동양인의 경우 대개 남자의 경우 허리둘레 90, 여자 80 이상)

② 고중성지방 혈증(hypertriglyceridemia) : 중성지방이 150mg/dL 이상

③ 고밀도지단백 콜레스테롤(HDL-cholesterol)이 낮을 경우: 남자의 경우 40mg/dL 미만, 여자의 경우 50mg/dL 미만

④ 공복혈당이 100mg/dL 이상

⑤ 고혈압 : 수축기 혈압이 130mmHg 또는 이완기 혈압이 85mmHg 이상인 경우

현재로서는 대사 증후군을 만족스럽게 치료하는 단일 치료법은 없고 각 구성요소에 대한 개별적 치료를 해야 한다. 또한 식이요법, 운동요법을 포함한 생활습관 개선을 통해 적정 체중을 유지하는 것이 치료에 중요하다.

과민성 대장 증후군

자극성 대장 증후군이라고도 하며, 만성 설사와 변비의 주요 원인이다. 기능적 장애일 뿐 큰 병과는 아무 연관이 없다.

몸에는 딱히 이상이 없는데도 불구하고 배변 양상의 변화에 동반된 복통이나 복부 불편감을 특징으로 하는 만성 기능성 위장관 질환으로 쉽게 말해 배가 아프면서 배변 습관이 불규칙해지는 병이다. 완치가 드물며 부차적으로 만성 피로와 우울증까지 동반되는 경우도 있다. 보통 복통형, 변비형, 설

맞추기보다는 자신의 상황도 좀 더 돌아보면서 행동할 수 있도록 해야 함을 잊지 말도록 해야한다.

아도니스 증후군

남성외모집착증이라고도 한다. 아도니스는 미의 여신 아프로디테의 사랑을 한몸에 받았고 죽어서는 아네모네가 되었다는 그리스 신화 속 미청년으로 미남의 상징이다.

외모를 중시하는 사회풍조에 따라 타인에게 인정받고 매력 있는 사람이 되기 위해 남성들도 외모에 관심을 갖게 되면서 나타난 현상이나. 아도니스 증후군이 있는 남성은 외모에 집착한 나머지 자신보다 잘생긴 사람을 보면 질투와 부러움에 두통, 우울증을 겪기도 한다. 외모지상주의를 추구하는 현대 사회에서는 이러한 현상이 사회적 신드롬으로 나타나고 있을 정도로 심각한 파장을 일으키고 있다.

배덕 증후군

다른 사람에게 피해를 줘도 아무런 죄책감을 느끼지 않는 증후군이다. 다른 사람의 고통을 모르는 도덕이 결여된 사람들이다. 사이코패스라 불리는 사람들도 이 증후군을 가지고 있는 사람들을 일컫는 말로 반사회적 인격장애 정신 결여자 라고도 한다. 이런 사람들 중에는 연쇄살인범이나 연쇄강간범 등이 많이 있다.

리스트 컷 증후군

명칭대로 손목을 베는 증상으로 극심한 스트레스에 놓인 사람이 위해 자해 행위를 반복하는 현상에 해당한다. 이지메 현상이 사회 문제로 떠오르던 일본에서 청소년들을 중심으로 리스트컷 증후군 현상이 광범위하게 나타나 사회문제로 부상하기도 했다. 커터날등으로 팔이나 몸에 자해를 남기는데 깊은 흉터가 남을 수도 있고 심각하게 벨 경우 사망할 위험도 있다.

스트레스성으로 자해를 하고나서 자신이 리스트컷 한 모습을 사진으로 찍어서 인터넷 게시판 같은 공공장소에 올리기도 하는 경우도 있다. 이는 리스트컷이라는 행위 자체가 심리적인 압박감과 스트레스를 토해내기 위한 자해행위에 해당하기 때문에 관심 받고, 이해 받고 싶어하는 경우가 많으므로 주변인의 관찰과 관심이 필요하다.

상승 정지 증후군

인생의 목표를 세워 놓고, 끝없이 전진하던 사람이 어느 날 더 이상 올라갈 때가 없다고 생각될 때 느끼는 허무하고, 공허한 심리적 현상이다. 드라마가 끝났을 때 겪는 공허함이나, 어느 날 갑자기 한가한 자리로 책상이 옮겨지거나 자신의 업무와 무관한 계열 회사로 발령을 받았을 때, 더 이상 승진할 수 없다고 느끼거나 퇴직 후 자신이 물러나야 할 때라고 생각될 때 느끼는 허무하고 공허한 심리적 현상들을 말한다.

하인드 펙토리 버레드 증후군

갑자기 기분이 좋아졌다가 기분이 나빠지는 감정의 기복이 큰 현상이다. 강한 집착을 가지고 있거나 고집이 있는 사람들에게서 많이 나타나는 증상으로 자신이 가지고 싶은 어떤 것 무엇 하나도 놓치기 싫어하면서 하나에 꽂히면 무슨 수 를 써서라도 가지려고 하는 집착성을 보인다.

렌미스페셜 증후군

'나는 남들과 달라.', '나는 사람들 사이에서 유독 튀어' 자신의 처지를 잃어 버리고 다른 사람들 사이에서 눈에 띄이고 싶어하는 증상이다. 지극히 평범하거나 조용한 사람들에게서 많이 나타난다.

리셋 증후군

게임이나 인터넷 등 사이버 세계에 깊이 빠져 현실세계를 혼동하는 현상을 이르는 말로 최근 청소년들 사이에서 확산, 심각한 사회문제를 일으키고 있는 병리 현상이다.

컴퓨터가 말을 듣지 않을 때 리셋 버튼을 눌러 전원을 껐다가 다시 켜는 것처럼 현실도 마음에 안 들면 다시 시작할 수 있다는 뜻으로 컴퓨터 세대에서 만들어진 용어이다. 리셋 증후군은 컴퓨터게임에 몰두한 나머지 현실과 가상의 세계를 혼동하게 되고 범죄행위를 해도 이를 단지 오락게임의 일종으로 착각, 죄책감이 들더라도 리셋(reset)해 버리면 그만이라고 생각하는 특징이 있다.

파랑새증후군

벨기에의 극작가이자 시인·수필가인 마테를링크의 동화극 《파랑새 L'Oiseau Bleu》의 주인공에게서 유래한다. 장래의 행복만을 몽상할 뿐 현재의 일에는 관심도 없다. 주로 어머니의 과잉보호를 받고 자라 정신적인 성장이 더딘 사람에게서 나타나는 증세이다. 21세기에 들어와서는 빠르게 변해가고 있는 현대사회에 적응하지 못하거나 현재의 직업, 또는 직장에 만족하지 못하는 직장인을 일컫는 용어로, 욕구불만이나 갈등, 스트레스 때문에 발생하는 심리적 긴장이 신체적인 증상으로 나타난다.

'행복'과 '이상'을 상징하는 이 파랑새가 요즘은 한 직장에 안주하지 못하고 여기저기 옮겨 다니는 직장인을 지칭하는 용어로 변했다.

3. 심리 효과

바넘 효과(Barnum Effect)

19세기 말 곡예단에서 사람들의 성격과 특징 등을 알아내는 일을 하던 바넘(P.T. Barnum)에서 유래하였다. 1940년대 말 심리학자인 포러(Bertram Forer)가 성격 진단실험을 통해 처음으로 증명한 까닭에 '포러효과'라고도 한다.

포러는 자신이 가르치는 학생들을 대상으로 각각의 성격 테스트를 한 뒤, 그 결과와는 상관없이 신문 점성술 난의 내용 일부만을 고쳐서 학생들에게 나누어 주었다. 그는 이 테스트 결과가 자신의 성격과 맞는지 맞지 않는지를 학생들이 평가하도록 하였다. 자신이 받은 테스트 결과가 자신에게만 적용되는 것으로 착각한 학생들은 대부분이 자신의 성격과 잘 맞는다고 대답하였다.

포러가 학생들의 성격 진단 결과로 나누어 준 점성술 난의 내용은, 대부분의 사람들이 가지고 있는 보편적인 특성을 기술한 것이다. 포러는 실험을 통해 보편적 특성을 개개인에게 적용할 때 사람들이 어떻게 반응하는가를 알아보고, 그 결과로 바넘효과를 증명한 것이다.

사람들은 보통 막연하고 일반적인 특성을 자신의 성격으로 묘사하면, 다른 사람들에게도 그러한 특성이 있는지의 여부는 생각하지 않고, 자신만이 가지고있는 독특한 특성으로 믿으려는 경향이 있다. 이러한 경향은 자신에게 유리하거나 좋은 것일수록 강해지는데, 이처럼 착각에 의해 주관적으로

끌어다 붙이거나 정당화하는 경향을 말한다.

조명효과(Spotlight Effect)

코넬의 토머스 길로비치 교수는 실험에서 한 학생에게 유명가수의 얼굴이 그려져 있는 티셔츠를 입게하고 4~6명의 대학생들이 기다리고 있는 실험실로 들어가게 했다. 실험실에는 아주 잠깐 동안만 머물게 했다. 그런 후에, 티셔츠를 입은 학생에게 실험실에서 만났던 학생들 중에 몇명이나 자신이 유명가수 티셔츠를 입었는지 알아차렸을 것 같은지 추측하게 했다. 실험실에 있던 나머지 학생들에게는 그 학생이 무슨 티셔츠를 입고 있었는지 물었다. 그 결과 티셔츠를 입은 학생은 실험실에서 만났던 학생들의 46% 정도가 자신이 유명가수 티셔츠를 입고 있었다는 것을 알아맞힐 거라고 예측했다. 그러나 실제로는 23%만이 그 학생이 유명가수 티셔츠를 입고 있었다고 답했다. 이후의 실험에서는 학생들에게 코미디언의 티셔츠를 입게 한 후 동일한 실험을 반복했다. 역시 마찬가지로 실제로는 8%의 학생만이 그 학생이 무슨 옷을 입고 있었는지 기억해냈지만, 티셔츠를 입었던 학생은 절반가량인 48%가 자신이 무슨 옷을 입고 있었는지 알아맞힐 것이라고 예상했다.

연극 무대에 선 주인공의 머리위에는 늘 스포트라이트가 쏟아진다. 주인공의 머리위로 동그랗게 비춰지는 조명은 주인공이 움직일 때마다 따라다니고 관객들은 주인공의 일거수일투족, 감정의 흐름을 자세히 관찰할 수 있다. 주인공이 어떤 의상을 입었는지, 어떤 신발을 신었는지, 어떤 대사를 하고 어떤 표정을 짓는지 관객들에게 그대로 드러난다. 많은 사람들은 종종 자기도 이러한 연극 배우처럼 조명을 받고 있다고 착각하면서 다른 사람들의 시선에 필요 이상의 신경을 쓰는데 이를 조명효과(Spotlight effect)라고 한다. 우리는 다른 사람들이 나를 주시하고 있다고 생각하지만 정작 우리를 보고 있는 것은 남이 아닌 바로 자기 자신이다.

피그말리온 효과(Pygmalion Effect)

무언가에 대한 사람의 믿음, 기대, 예측이 실제적으로 일어나는 경향을 말한다. 1964년 미국의 교육심리학자 로버트 로젠탈에 의해 실험되었다.

원래는 로젠탈과 포드가 대학에서 심리학 실험으로 학생들에 쥐를 통한 미로찾기 실험을 시켰다. 그 결과 쥐가 미로를 잘 빠져나오는 그룹과 그렇지 못한 그룹, 두 그룹간의 실험결과의 차이를 찾을 수 있었다. 전자는 학생들이 쥐에게 정성을 다해 키운 반면, 후자는 쥐를 소홀히 취급했다. 이는 쥐에 거는 기대도에 따라 결과가 달라진다고 생각했다. 이를 토대로 볼 때 "교사와 학생 간에도 이와 같지 않을까" 하고 생각하게 된다.

교육현장에서의 실험은 1964년 봄, 샌프란시스코의 초등학교에서 하버드식 돌발성학습능력예측 테스트라는 보통의 지능 테스트를 했다. 학급 담임에게는 앞으로 수개월 간에 성적이 오르는 학생을 산출하기 위한 조사라고 설명했다. 그러나, 실제 조사에는 아무런 의미가 없었고, 실험시행자는 조사의 결과와 관계없이 무작위로 뽑은 아동의 명부를 학생 담임에게 보여주고, 명부에 기재된 아동이 앞으로 수개월 간에 성적이 향상될 학생이라고 알려주었다. 그 후, 학급 담임은 아이들의 성적이 향상될 것이라는 기대를 품었고, 확실히 그 아이들의 성적은 향상되었다. 학급 담임이 아이들에 한 기대가 성적 향상의 원인이였다고 생각할 수 있다. 게다가 아이들도 기대를 의식하였기 때문에 성적이 향상된 것이라고 생각할 수 있다.

피그말리온이라는 명칭은 그리스 신화 속의 피그말리온왕에서 유래되었다. 피그말리온왕은 자신이 조각한 여성상을 진심으로 사랑하게 되었고, 이를지켜본 미의 여신 아프로디테가 그의 소원을 들어주어 조각상을 인간으로 만들었다.

플라시보 효과(Placebo Effect)

실제로 아무 효과 없는 것도 맹신하는 것으로 효과를 본다는 것으로 자기충족적 예언의 일종이다.

국내 전래동화 중 하나로 어떤 선비가 길을 가다 목이 말라 시냇물을 마시고있는데 문득 옆을 보니 빨간색 실 같은 벌레들이 물 속에서 우글거리고 있었다. 그 뒤로 선비가 고질적인 복통과 심한 스트레스로 건강이 계속 망가지자 의원이 꿀을 넣은 찹쌀떡에 붉은 실을 잘게 자른 것을 넣고 약이라고 속이며 먹였고 그 뒤 변을 보고는 변 안에 붉은 실이 잔뜩 있자 이것들이 이제 다 나왔구나 하고 좋아하며 병이 나았다는 이야기가 있다. 물론 선비는 벌레를 먹지도 않았고 그러므로 벌레 때문에 병에 걸린 것도 아니었다.

가르시아 효과(Garcia Effect)

특정한 먹거리의 미각과 뒤에 따르는 결과(질병) 사이의 관련성을 학습하는 놀랄 만한 재능을 '가르시아 효과'라고 한다. 먹는 행동과 그로 인해 나타나는 결과 사이에는 시간적으로 어느 정도 차이가 있지만, 그들 사이에는 일정한 인과관계가 존재한다. 다시 말해 닭고기를 먹고 나서 어느 정도 시간이 흐른 후에 배탈이 났다고 하더라도 닭고기와 배탈 사이에는 인과관계가 성립한다.

가르시아 효과는 인간을 비롯한 모든 유기체들이 가지고 있는 생존 본능이다. 사람과 동물은 자기의 생명을 위협하는 먹거리를 한 번의 경험만으로도 터득하는 놀라운 재능을 가지고 있다.

스놉 효과(Snop Effect)

특정 제품에 대한 소비가 증가하게 되면 그 제품의 수요가 줄어드는 현상을 뜻하는 말이다. 스놉효과에서 소비자들은 다수의 소비자들이 구매하지 못하는 제품에 호감을 느끼게 되는데, 보통 가격이 비싸서 쉽게 구매하기 어려운 고가의 하이클래스 제품, 명품 등이 여기에 해당된다. 스놉효과는 네트워크효과(Network effect; 다른 사람들의 수요가 특정 제품에 대한 어떤 사람의 수요에 영향을 미치는 현상)에서 비롯되었으며, 1950년 미국의 하비 라이벤스타인(Harvey Leibenstein)이 발표한 이론이다.

나비효과(Butterfly Effect)

나비의 날개 짓처럼 작은 변화가 폭풍우와 같은 커다란 변화를 유발시키는 현상을 말한다. 나비효과는 1963년 미국의 기상학자인 에드워드 로렌츠가 컴퓨터로 기상을 모의 실험하던 중 초기 조건의 값의 미세한 차이가 엄청나게 증폭되어 판이한 결과가 나타난 것을 발견하면서 알려졌다. 즉, 컴퓨터화면에 나타난 기상계는 한없이 복잡한 궤도가 일정한 범위에 머무르면서도 서로 교차되거나 반복됨이 없이 나비의 날개모양을 끝없이 그려내고 있었다. 다시 말해, 그림은 혼돈스러워 보이지만 일정한 모양새를 갖춘 규칙성이 숨어 있었다. 이와같이 혼돈 속에 질서가 내재되어 있다는 나비효과가 확인됨에 따라 카오스이론이 등장하였다. 카오스이론을 대신해서 부르기도 한다.

베르테르 효과(Werther Effect)

사회적으로 존경을 많이 받거나 인기를 끈 사람들의 죽음(특히 자살) 이후 이를 따라 자살 시도가 늘어나는 사회적 현상을 지칭한다. 젊은 베르테르의 슬픔을 읽은 독자들 중 다수의 독일 청년들이 주인공인 베르테르의 죽음을 따라 일종의 모방자살을 했던 데서 유래한다.

현재는 동서양을 막론하고 매스미디어가 발달한 20세기 들어 주요한 자살원인으로 지목되고 있으며, 정신과에서도 유명인의 자살 후엔 자살 소망자 및 실행자가 늘어난다는 구체적인 통계가 많이 보고되어 있다.

대부분의 경우, 유명인의 사망이 사람들의 자살을 부른 직접적 원인이라고는 볼 수 없다고 한다. 원래부터 자살 소인을 가지고 있던 사람들이 유명인의 자살 소식을 접한 것을 계기로 자살에 대한 소망을 마음속에서 구체화해 실행단계로 옮기는 경우가 많기 때문. 오늘날 베르테르 효과라고 하는 것은 대개 그런 경우까지 지칭해서 폭넓게 부른다.

비너스 효과(Venus Effect)

대리학습에서 관찰자는 모델이 매력적일 때, 학습효율이 떨어지게 되는 현상을 말한다. 주로 대리학습에서, 인간 관찰자는 모델이 능력 있고 매력적이고 호감이 가고 유명한 사람일 때, 모델이 이런 특성을 갖추지 않았을 때보다 더 많이 배우는 경향이 있음을 보인다. 주로 모델의 특성은 관찰자의 주의를 끌기에 관찰자의 학습에 영향을 주는데, 모델의 지위, 호감도, 나이, 성별, 능력 및 기타 특성들이 대리학습에 영향을 미치는 주된 요소이다. 모델에게 주의를 더 많이 기울일수록 관찰자가 모델의 행동으로부터 더 많은 것을 학습할 가능성이 높은 것이다. 하지만, 비너스 효과는 일반적인 대리학습에서의 모델의 매력도가 학습의 효율을 높인다는 기존의 이론과 반대되는데, 여기에는 학습자의 정서적 각성이 학습에 영향을 미칠 수 있다는 사실을 반영했기 때문이다.

Warden과 Jackson(1935)은 원숭이 한 마리를 문제를 풀도록 훈련시키고 나서 다른 원숭이들에게 이 모델의 경험으로부터 배울 수 있는 기회를 주었다. 그리고 관찰한 원숭이 여러 마리는 그렇게 했지만 몇 마리는 모델이 어떻게 그 문제를 해결하는지에 별로 또는 전혀 주의를 집중하지 않고, 모델에게 성적 관심을 보였다고 한다. 관찰자의 정서 상태가 심한 방해가 된다는 사실은 이들의 수행을 주의가 덜 산만했던 동물들과 비교를 해보면 금방 분명해진다. 즉, 대리 학습에 있어서 모델의 일정 수준 이상의 매력도는 학습자(관찰자)의 정서적 각성 수준을 높여 학습에 대한 주의를 방해하게 되어 학습의 효율을 떨어뜨리는 결과를 초래하게 된다는 것이다.

스티그마 효과

스티그마 효과(Stigma Effect) 또는 낙인효과(烙印效果)는 상대방에게 부정적으로 무시당하거나, 치욕을 당한 경우에 즉, 상대방에게 낙인이 찍힌 경우에 부정적인 영향을 당한 당사자가 부정적으로 변해가는 현상을 일컫는다. 과거에 대한 나쁜 기억은 웬만해선 사라지지 않으며 오히려 상황을 부정적으로 몰고 가게 된다. 기업의 경우 시장에서 신뢰를 잃게 될 경우 기업이 추후 어떤 발표를 해도 시장에서 부정적으로 받아들여질 때도 사용된다. 또한 정치학, 범죄학, 사회심리학 등은 일탈행위자(범죄자)또는 현대의 청소년문제 등을 설명하는 방법으로 보고 있다.

3. 노이로제란?

노이로제(Neurosis), 신경증이란 말을 처음으로 사용한 영국의 내과의사 W.컬린(1710~90)은 오늘날 말하는 신경증의 개념과는 달리 신경계의 장애에 의하여 일어나는 광범위한 질환군을 지칭했으나, 병리학의 발달에 수반하여 기질적(器質的)인 변화를 나타내는 질환이 신경증에서 분리되어 나감에 따라 신경증군에는 비기질성으로 보이는 질환군만 남게 되어 오늘날의 신경증의 개념과 상통하는 것이 되었다. 오늘날 신경증은 그 개인에 있어서 중대한 의미를 갖는, 주로 정동적(情動的)인 경험이 계기가 되어 그 반응으로서 나타나는 심리적 또는 신체적인 기능장애를 지칭하는 개념으로 되는 것이 통례이다.

신경증은 위기상황에 있어서의 일종의 인격반응이라고 할 수 있다. 정신분석학자인 S.프로이트(1856~1939)는 위기적 상황에 의해 야기되며, 또는 위기의 도래를 예고하는 불안을 회피하려고 하는 자아의 방위반응이라 하였다. 신경증은 특정의 문화 속에 있는 인간이 각각의 문화의 성격적 요인에 영향을 받아 서로 상반되는 경향 또는 욕구에서 생기는 갈등에 의한 공포와 그것에 대한 타협형성의 시도로서의 방위수단에 의해 구성되는 심정적인 장애라고 할 수 있으며, 문화의 형을 달리함에 따라 달라지는 것이라고 주장하는 학자도 있다.

4. 노이로제의 종류

히스테리(Hysterie)

여러 가지 의미로 쓰이는데, 신경증 또는 심적 반응의 한 형을 말하는 경우와 정신병질 또는 이상성격의 한 형으로 쓰이는 경우로 크게 나눈다. 신경증의한 형으로는 심적인 갈등의 해결을 수의운동(隨意運動)·지각·의식의 장애나, 여러 가지 기관의 기능장애 등 가지각색의 신체적 증세를 일으키는 현상에서 전환하여 벗어남으로써 회피하려고 하는 메커니즘이 확실한 것을 가리킨다.

히스테리성 증세는 옛날 히포크라테스와 그 학파가 기재하였고, 여성에게서 많이 볼 수 있으며, 자궁에 병인이 있다고 생각된 데서 자궁이라는 뜻을 가진 그리스어 hystera를 따서 이름이 붙었다. 중세에는 마법이나 마귀에 의한다고 하였으나, 19세기 말부터 J.M.샤르코, P.M.F.자네, E.블로일러, S.프로이트 등의 연구에 의해 오늘날의 히스테리 개념이 확립되었다.

프로이트의 정신분석이 히스테리 연구에서 시작하여, 히스테리를 비롯하여 신경증 일반에서의 심적 갈등의 역할을 중요시한 것은 잘 알려져 있다. 또 히스테리적 메커니즘은 특정한 미성숙된 성격을 가진 사람에게서 일어나기 쉽다고 하는데, 반드시 그것에 국한되는 것은 아니다. E.크레치머의 "모든 사람은 많든 적든 히스테리적이다"라는 말은 유명하다.

히스테리라는 말이 정신병 또는 이상성격의 한 형으로 사용되는 경우는 자기중심적으로, 항상 남의 이목을 집중시키는 것을 바라고, 오기가 있고, 감정의 기복이 심한 성격, 또는 현시성(顯示性)인 병적 성격을 가리키는 일이 많다.

정신 쇠약

심리적 원인에 의하여 정신이나 신체 증상으로 나타나는 것이다. 어떠한 관념에 사로잡히거나 자신은 생각하지 않으려고 애쓰지만, 터무니 없는 생각이 항상 머리에 떠올라 괴로움을 겪고 마음의 안정이 안 되고 능률이 오르지 않으며, 적극성을 잃게 되어 두통과 불면, 가슴 두근거림 따위의 증상도 따른다. 히스테리, 강박 신경증, 공포증, 망상증이라고 하며 이 공포증과 강박신경증을 합하여 정신 쇠약이라고 한다.

불안 신경증

불안신경증(anxiety neurosis, Angstneurose)은 불안을 주증세로 하고 흔히 자율신경계의 실조증을 동반하며 가끔 불안발작이 있는 신경증이다. 심한 불안공포, 심계항진(心悸亢進), 흉부통, 호흡곤란, 현기증, 허약, 졸도 등이 가장 흔한 증세이다. 이 신경증에서 불안은 두려워하고 무서워하는 대상이 뚜렷하지 않고 다만 무엇인지 모르게 불안해하는 증상만을 가진다.

자율신경증상이 동시에 나타나며, 죽음의 공포를 동반한다. 프로이트(S.Freud)에 의하면 항상 현실적 갈등, 보통은 성적 욕구불만에 기인한다고 한다.

참고문헌

심리학의 이해 4판(2014). 윤가현 외 14명(학지사)

인간행동과 심리학 3판(2012). 오세진 외 11명(학지사)

현대 심리학 이해 2판(2008). 현성용 외 17명(학지사)

인간생활과 심리학(2012). 민윤기 외 3명(학지사)

이상심리학 7판(2014). 오경자 외 5명(시그마 프레스)

상담심리학의 이론과 실제(2008). 노안영(학지사)

상담심리학의 기초(2007). 이장호, 정남운, 조성호(학지사)

힐가드와 애트킨슨의 심리학원 원론(2004). 장현갑 외 5명(박학사)

상담 및 심리치료의 기본 기법(2006). 김창대(학지사)

정서조절 코칭북(2012). 이지영(시그마프레스)

비폭력 대화(2006). 캐서린 한(바오)

NEW 미용학 개론(2013). 임은진 외(가담)

미용학 개론(2013). 박춘심 외(광문각)

스파테라피(2012). 오영숙 · 정주미(광문각)

NEW COSMETOLOGY 화장품학(2013). 고혜정 외(가담)

김정운교수의 마음을 움직이는 힘(EBS 2010.12.7). EBS 2010.12.7. http://www.ebs.co.kr/tv/show?prodId=8671&lectId=3063313

눈맞춤(eye contact)과 관심공유(joint attention). 의사소통증진/부모교육. http://blog.naver.com/PostView.nhn?blogId=hanscenter&logNo=30158871768

눈맞춤(eye-contact)의 위력. 이진학(휴먼스피치) http://humanspeech.kr

설득의 심리학(2013). 로버트 치알디니(21세기 북스)

미용상담 심리마케팅(2013). 이범식 외(구민사)

피부미용학(2012). 김유정 외(구민사)

피부미용사(2010). 피부미용향장연구회(지구문화사)

피부미용기기관리학(2013). 한영숙 외(정담미디어)

광고학개론(2005). 이명천(커뮤니케이션북스)

홈베이킹 프리믹스 패캐지디자인의 AIDMA 법칙에 관한 연구(2009.12), 황해성, 홍익대학교 산업미술대학원 석사학위논문 / p.17~27

네이버 지식백과

그림으로 읽는 生生 심리학(2012). 남종호(그리고책)

광고마케팅과 소비자 심리. Marketing Trend [DMC 출처]

http://blog.naver.com/PostView.nhn?blogId=wowplusceo&logNo=130165819579

도박의 심리(2003). 이흥표(학지사)

고객의 80%는 비싸도 구매한다(2013). 무라마츠 다츠오(씨앤톡)

판매 성과 높이기 위한 12가지 소비자 심리 전략. http://www.insight.co.kr/view.php?ArtNo=8482

대사 증후군 [metabolic syndrome]. 서울대학교병원 의학정보. 서울대학교병원.

유니폼 디자인 개발 연구(2005). 김장미(창원대학교 석사학위논문)

저자소개

· 장혜진 건국대학교 일반대학원 생물공학과 향장미용전공 박사
· 김이준 숙명여자대학교 일반대학원 상담및생활지도전공 박사수료

미용사회 심리학

인쇄 2015년 3월 19일 1판 1쇄
발행 2015년 3월 27일 1판 1쇄

지은이 장혜진 · 김이준
펴낸이 고범석
발행처 Gadam PLUS 가담플러스
주소 서울시 마포구 동교로 144-7 영일빌딩
전화 02. 322. 7303 / 팩스 070. 4324. 1775
메일 gadambooks@naver.com
출판등록 2014년 3월 18일 제2014-000094호
ISBN 979-11-86447-01-7 03180
정가 22,000원